D1668103

Martin Wölzmüller

Der Lechrainer und seine Sprache

Landschaft · Brauchtum · Mundart

MARTIN WÖLZMÜLLER

Der Lechrainer und seine Sprache

Landschaft · Brauchtum · Mundart

LANDSBERGER VERLAGSANSTALT
MARTIN NEUMEYER

Umschlagbild: Eva von Rossen
Fotos: Aus Lechrainer Privatarchiven

Die Mundartgedichte

„Rejd mr, schpül mr und schreiw'mr wiedr wia ba ins 'n Lejchruan"
Seite 11

„'s Lejchruanr Biawla"
Seite 57

verfaßte Professor Dr. Pankraz Fried

ISBN 3 92 021 645-8

1987
© by Landsberger Verlagsanstalt Martin Neumeyer
Landsberg a. Lech
Alle Rechte vorbehalten
Layout: W. Hemmrich, LVA
Gesamtherstellung: Landsberger Verlagsanstalt Martin Neumeyer

Meinen Eltern

Inhaltsverzeichnis

Mundart - Erbe und Verpflichtung

Geographischer, historischer und sprachlicher Überblick

Brauchtum in Wort und Sprache

Geburt · Hochzeit · Tod

Die Arbeit der Bauern im Lechrain

Lechrainer Wortschatzsammlung

Mundart - Erbe und Verpflichtung

Der Gedanke zu diesem Buch entstand 1982 im Zusammenhang mit dem Mundartwettbewerb „Khrejdt, gschpült und gschriewa" — Dialekt reden, spielen und schreiben. Diese Aufgabe stellte die „Augsburger Allgemeine" für Schwaben und das „Landsberger Tagblatt" für den Kreis Landsberg a. Lech ihren Lesern. Zunächst trennte man dabei das schwäbische Mundartgebiet vom Landkreis Landsberg, weil hier, östlich des Lechs, bayerische Mundart vermutet wurde. Sehr bald jedoch war den Verantwortlichen klar, daß es dort mit dem Bayerischen „nicht allzuweit her" ist. Auch heute noch sprechen in diesem Gebiet die Einheimischen eine Mischmundart, das Lechrainische, dessen altes Sprachgebietszentrum der Landkreis Landsberg ist. So suchte und bewertete die Jury unter den eingesandten Mundarttexten im Leserbereich des „Landsberger Tagblatt" gezielt diesen Lechrainer Dialekt.

In Gesprächen bei der Preisverleihung stellte sich immer wieder heraus, daß über den alten Lechrainer Dialekt wenig genaues bekannt war. Deshalb reifte die von mir geäußerte Anregung, diesem Informationsdefizit durch eine „Lechrainer Wortschatzsammlung" abzuhelfen.

Diese Aufgabe wurde von Herrn Martin Wölzmüller aus Prittriching mit großer Begeisterung übernommen, dem ich an dieser Stelle besonders herzlich danken möchte. Ich habe ihn mit meinem gesammelten Material und vom Lehrstuhl für bayerische Landesgeschichte an der Universität Augsburg aus unterstützt, wobei der Kontakt zu Privatdozent Dr. Werner König besonders dankbar zu vermerken ist.

Dieses Buch ist geschrieben worden für alle, die in den Wörtern ihrer Mundart, in Bräuchen, Sprichwörtern und Bildern ihre Jugend wiedererkennen wollen, und für alle, die den allmählichen Niedergang ihrer heimatlichen Sprache mit Bedauern verfolgen. Es ist den Lechrainern gewidmet, die sich die Mühe machen, trotz vielfältiger Einflüsse von außen, ihren Dialekt zu bewahren, ihn zu sprechen und damit auch ein Beispiel geben für die Schönheit und Funktionsfähigkeit ihrer Mundart. Nicht zuletzt sollen auch die Leser angesprochen werden, denen die Gegend zwischen Lech und Ammersee, zwischen Weilheim und Mering als Urlaubsziel mehr bieten kann als ausgebaute Wanderwege und eine wohlsortierte Gastronomie. Dieses Buch möchte nicht als Gebrauchsanweisung für die

Benutzung des Lechrainischen verstanden werden. Vielmehr soll es den Leser ermutigen, seine Muttersprache oft und gerne zu verwenden und die Einmaligkeit, den Phantasiereichtum und die Bildhaftigkeit des Lechrainischen zu entdecken.

Neben Unterhaltung, die das Buch sicherlich bietet, soll dem Leser und allen Mundartsprechern eine Verpflichtung auferlegt werden. Die Verpflichtung, sich selbst und seiner Umgebung treu zu bleiben und seiner Mundart den Stellenwert zukommen zu lassen, der ihr gebührt: Sprache als Mittel des Verstehens und der Vertrautheit unter den Menschen. Lebendige Mundart kann nur in den Menschen fortbestehen, die sie sprechen. Wenn sie nur noch in konservierter Form existiert, hat sie ihren Zweck, den der Kommunikation, verfehlt und eignet sich nur noch als Objekt des wissenschaftlichen Theoretisierens.

In dieser Zeit, in der vielfältige Anstrengungen unternommen werden, Überliefertes zu erhalten, regional Bedeutsames zu bewahren, Denkmäler zu renovieren, sollte auch das Bewußtsein wachsen, daß heimatliche Identität nicht nur in Gebäuden von historischem Wert oder in Museums- und Ausstellungsstücken dokumentiert ist, sondern in ganz besonders hohem Maß auch in der Haltung der Menschen, die diese Identität als Erbe zu verwalten haben. Das beste Mittel, der nivellierenden Allerweltszivilisation zu entfliehen,

den überschaubaren heimatlichen Bereich für sich und andere zu bewahren, ist immer noch der Gebrauch der heimatlichen Mundart im Alltag.

Versuchen wir, unsere Mundart vor der Vereinheitlichung durch Zugereiste, Kultusministerien, Wörterbücher und Medien, aber auch durch eine schamlose Volks- und Brauchtumsmafia zu schützen, indem wir unseren Dialekt benützen.

Lernen wir wieder, ein *Aufhewad* zu feiern anstatt des Richtfestes. Gewöhnen wir uns daran, daß unser Kinn *Schniagl* heißt und stellen wir fest, daß *d' Schuawa* von unseren *Bounza* weitaus besser schmeckt als die Kruste einer Dampfnudel.

Dialekt reden ist für den Lechrainer durch die Hochsprache und „höherwertige" Nachbardialekte mit Schwierigkeiten verbunden. Lesen Sie daher Mundart-Textteile aus diesem Buch laut und langsam. Sie werden interessante Sprachunterschiede feststellen, eingängige Wortlaute finden, bewußter „hinhören" und mit neuem Selbstwertgefühl den Wortschatz Ihrer Lechrainer Muttersprache bewahren und „mündlich" weitergeben. – Wenn Sie überwiegend hochdeutsch sprechen, schenkt Ihnen „Der Lechrainer und seine Sprache" viel Freude – besonders das (laute) Lesen der Mundart.

Heinrichshofen, im Frühjahr 1986

Pankraz Fried

Rejd mr,
schpül mr und schreiw'mr wiedr
wia ba ins 'n Lejchruan

Hoachdeitsch rejda und schreiwa nooch dr Schriift
isch nou it a mö a baar hundrt Jehrlin alt:
d'Lejchruanr Schprooch, boarisch und schwewisch schia gmischt,
dej hot ma voar dausat Johr zwisch' an Lejch und an Ammrsea
scho gwißt!

Ewi schaad wer's, wenn dej Schprooch heint ganz akhejma det
und ma dafir bloaß mear a kinschtlis Ouwrboarisch rejdt!
Hölf mr deswejga alli voars z'schpeet isch nou zejma,
daß it ausschturb dej Schprooch vo insari Aina!

Schämm'r ins it und schpül mr wiedr Deádr in insera Schprooch,
sing mr a diaml a Liadla und dichta a Versla danooch!
Varzöl mr bm Huogorta wiedr dej alta Gschichtlin und Schpriach
daß mr a wiani nou mi sölwr bleiwa isch d'Wölt o nou
sou schiach!

Dorfweiher sind selten geworden

12

Geographischer, historischer und sprachlicher Überblick

Harmonie zwischen Landschaft und Menschen

Der Lechrain, weder politisch noch landschaftlich ein geschlossenes Gebiet, grenzt sich nur durch das Selbstverständnis seiner Bewohner von den benachbarten Bayern und Schwaben ab. Darum läßt sich eine Abgrenzung der Region am besten mit Hilfe der gravierenden Mundartgrenzlinien durchführen. Der Verlauf dieser Linien ist auf den Seiten 16/17 aufgezeigt. Hier dürfte es genügen, wenn sie zur Beschreibung der Landschaft verwendet werden.

Die wohl stärksten und einschneidendsten Unterschiede liegen entlang des Lechs bis südlich von Schongau und trennen das Schwäbische vom Lechrainischen.

Eine weitere Linie verläuft nördlich von Mering an der Paar in südöstlicher Richtung zum Ammersee, tritt an der Südspitze bei Dießen wieder aus und führt von da ins Ammergebirge.

Hieraus kann man also schließen, daß der Lechrain im wesentlichen das Gebiet des Landkreises Landsberg östlich des Lechs, Teile des ehemaligen Landkreises Schongau und einige Orte im südlichen Landkreis Aichach—Friedberg umfaßt.

Die Landschaft ist geprägt vom voralpinen Moränenland im Süden, wo bis heute hauptsächlich Grünlandwirtschaft betrieben wird, während im fruchtbareren Norden der Ackerbau vorherrscht. Die Dörfer stellen sich als geschlossene Einheiten dar, relativ klein und verhältnismäßig wenig zersiedelt. Diese Tatsache hat wahrscheinlich auch zur Entstehung des ausgeprägten Brauchtums und des starken Einheitsgefühls bei den Lechrainern geführt.

Wie im benachbarten Altbaiern, stellt sich auch im Lechrain das Volk als ein katholisch—konservativer Schlag von Menschen dar, dem Züge von Sturheit, Eigensinn und Unnachgiebigkeit nicht fremd sind.

Diese Halsstarrigkeit trieb oft seltsame Blüten. So wird von einem alten Bauern berichtet, der sich noch auf dem Sterbebett dagegen wehrte, seinem Nachbarn die Hand zur Versöhnung zu reichen. Endlich hatte ihn der Pfarrer überzeugt, daß man eine Feindschaft nicht in den Himmel mitnehmen könne, und die beiden Nachbarsleute begruben ihren Zwist. Kaum waren der Nachbar und der *Heara* aus der Kammer, da flüsterte er seinem ältesten Sohn ins Ohr: *„Also guad, i vergieb iam alls, was er mer andou hod, der Schlawiner, awer du Sepp, du darfsch as iam nia vergessa."*

Auch wenn solche Beurteilungen heute als nicht ganz unproblematisch angesehen werden, soll doch der bayerische Historiker Aventin mit seiner Charakterisierung des Bayernvolkes nicht unerwähnt bleiben, vor allem, weil er damit dem sehr nahe kommt, was die Lechrainer von sich selbst halten:

„Das Beyerisch Volck ist geistlich schlecht und gerecht, gehet, leufft gern Kirchförten, hat auch viel Kirchfahrt, legt sich mehr auff den Ackerbauw und das Vihe denn auff die Krieg, denen es nit fast nachlaufft, bleibt gern daheim, reyßt nicht faßt auß in frembde Land, trinckt sehr, macht viel Kinder, ist etwas unfreundlich . . . Der gemein Mann . . . thut sonst was er will, sitzt Tag und Nacht bey dem Wein, schreyet, singt, tantzt, kartet, spielt, mag Wehren tragen, Schweinspieß und lang Messer. Grosse und uberflüssig Hochzeit, Todtenmal und Kirchtag haben, ist ehrlich und untrefflich, reicht keinem zu nachtheil, kompt keinem zu Ubel."

Wer wäre nicht stolz, zu einem Volk zu gehören, das mit soviel Bildhaftigkeit und Lebensfülle beschrieben wird. Gerade die Lechrainer, von jeder Sorte Bayer als Schwaben tituliert, sind sich ihrer Zugehörigkeit zum bairischen Stamm sehr bewußt und nehmen es jedem übel, wenn er diese Tatsache in Zweifel zieht. So war das Verhältnis zu den Schwaben auf der anderen Lechseite immer schon ein recht gespanntes, und die Verbindungen beschränkten sich auf das Notwendigste. Wallfahrt ins Lechfeld und Viehhandel dürften die einzigen Gelegenheiten gewesen sein, bei denen man *iwern Lejch num* fahren durfte, ohne daß dies angekreidet wurde. Intensive wirtschaftliche Beziehungen oder gar Heiraten über diese Grenze hinweg waren sehr selten. Ein *Bua*, der eine *Schwäwin* zur Frau nehmen wollte, bekam oft genug zu hören, er sei wohl *z' lugg*, sich eine Einheimische anzulachen.

Aber nicht nur von den Schwaben grenzt sich der Lechrainer ab. Auch die Bewohner des Unterlandes, wie die Gegend um Friedberg und Aichach genannt wird, werden von ihm mit einer leichten Abneigung als *Biffl* oder *Möldl* bezeichnet. Vielleicht liegt dies an deren etwas dumpf klingenden Sprache oder an ihrem verschlossenen, wie die Lechrainer meinen, groben Charakter. Jedenfalls sah man die Mädchen aus dieser Gegend bedeutend lieber als Hochzeiterinnen im Gebiet zwischen Lech und Ammersee, weil diese meist ein respektables *Sach* mit in die Ehe bringen konnten.

So sehr die Lechrainer auf ihre westlichen und nordöstlichen Nachbarn herunterschauten — oft unberechtigterweise und ohne Grund — so schnell verlor und verliert sich auch heute noch ihr Selbstbewußtsein, wenn sie es mit einem Oberbayern, speziell aus der Münchner Gegend, zu tun bekommen. Diesen achtet man als den eigentlichen

Bayern, er spricht eine feinere *Schbrooch*, nämlich die der Obrigkeit und des Rundfunks. Dagegen kann eine so *ungschlachdda* und *gscherdda Bauraschbrooch* wie das Lechrainische nicht an. Dieser vermeintlich besseren Redeweise glaubt man den eigenen Dialekt anpassen zu müssen.

Auch bei den Dorfhonoratioren hat sich die Scheu vor der eigenen Mundart breitgemacht. Bürgermeister und Vereinsvorstände halten Reden und Ansprachen in geschliffenem Hochdeutsch, das allerdings bei genauerem Hinhören eher an den Abgeordneten Josef Filser erinnert als an den Bundestag — wobei dieser auch nicht immer als Beispiel für wahre Redekunst gelten kann. Stilblüten aus der Amtssprache sind zwar schon genügend im Umlauf, doch eine besonders vergnügliche Geschichte aus Mering soll doch nicht unerwähnt bleiben.

Dort hat während der Kriegszeit der Kommandant des Volkssturms seine Leute täglich zum Streifendienst in den Lechauen aber auch innerhalb der Marktgemeinde eingeteilt. Bei einem dieser Morgenappelle verlas er folgenden Befehl: „Die Streifen haben Betrunkene und Randalierer sofort festzunehmen. Auch auf die Sauberkeit innerhalb der Ortschaft ist peinlich zu achten, denn am Marktplatz, wo die Straße am breitesten ist, da tun sie immer Ringlein seichen."

Man sieht, der Wunsch nach Höherem, nach einer „besseren" Ausdrucksweise hat das Echte, Ursprüngliche auch früher schon in den Hintergrund gedrängt.

Ein ebenso unverdientes Schicksal hat das Brauchtum, repräsentiert von Tracht, Musik und Bräuchen, erlitten. Zahlreiche Trachtenvereine tragen stolz ihre „traditionelle" Miesbacher Tracht auf den Festen der Umgebung, um besonders boarisch zu wirken. Musikkapellen spielen „böhmische" Weisen, die oft nichts mehr mit der Volksmusik ihres Ursprungslandes zu tun haben. In den Bierzelten unterhalten professionelle Witzereißer die Leute, als ob in den Menschen nicht genügend Humor und Witz wäre, daß sie ihr Vergnügen und ihre Unterhaltung selbst übernehmen könnten. Diese Probleme sind nicht allein im Lechrain zu finden. Die Klagen über ein verwässertes und kommerzialisiertes Brauchtum sind im ganzen Land und weit darüber hinaus zu hören. Aber gerade in jüngster Zeit lassen einige ernstzunehmende Aktivitäten auf eine Rückbesinnung schon verloren geglaubter Originalität des kleinräumigen Brauchtums und der gewachsenen Sitten hoffen. Theatergruppen spielen wieder in ihrem Dialekt, öffentliche Volkstanzveranstaltungen werden organisiert, bei denen das Publikum wieder selbst tanzt anstatt nur zuzuschauen. Alte Notenbücher werden ausgegraben, um den Zuhörern Uraltes neu zu präsentieren, anstatt nur das nachzuspielen, was vom Fernsehen her „bekannt und beliebt" ist.

Diese Rückerinnerung auf Überliefertes hat in jedem Fall ihre Berechtigung. Sie stellt die Verbindung her zwischen unseren Vorfahren mit ihrer Phantasie und ihrem Einfallsreichtum, als deren Ergebnis sich das Brauchtum darstellt und uns, die wir diese Gaben manchmal in den vielfältigen technischen Möglichkeiten der modernen Zeit vergessen.

Geographie des Lechrainischen

Die Karte zeigt schematisch und im Überblick eine Auswahl von Mundartgrenzlinien − in der Fachsprache Isoglossen genannt −, die den Lechrain durchziehen. Der Verlauf dieser Linien ist einem steten Wandel unterworfen: Wenn eine hochsprachliche Form die Dialektform im gesamten Gebiet verdrängt, dann verschwinden Grenzen (z.B. *„Affdermejdda/Iada"* heißt heute Dienstag); andere Linien verlagern sich oft innerhalb einer Generation um mehrere Ortschaften, wie z.B. die Linie, die *„Dag"* von *„Doog"* (Tag) trennt. Sie ist vor 50 Jahren noch zwischen Schöngeising und Landsberied nördlich des Ammersees verlaufen, heute ist die *„Doog"*-Form schon bis nach Moorenweis (ca. 10 km weiter westlich gelegen) vorgedrungen.

Deshalb kann die Karte naturgemäß keinen endgültigen und genauen Verlauf der Isoglossen liefern. Sie will vielmehr zeigen, wie der Übergang vom Schwäbischen zum Lechrainischen und von dort zum Mittelbairischen beschaffen ist, von denen eine jede ihre eigene Charakteristika zeigt und sich von ihren Nachbarregionen absetzt.

Als den Lechrain im engeren und eigentlichen Sinn könnte man am ehesten die Gegend bezeichnen, die im Westen von der Linie 5 und im Osten von der Linie 4 begrenzt wird.

Die Linien 1, 1a und 3 zeigen den Erhalt des mittelhochdeutschen „h" in „leihen", „ziehen", „Schuh". Während der Laut im Mittelbairischen und im Schwäbischen ausfällt (wie im Hochdeutschen), hat der Lechrain noch die alte Form *„leicha"*, *„ziacha"*, *„Schuach"*.

Linie 2 verdeutlicht den Übergang von westlichem *„isch"* zu östlichem (neuerem) *„is"* für das hd. „ist".

Die Isoglossen 3a und 4 verdeutlichen den Unterschied in den Vokalqualitäten der Wörter „Baum" und „Tag".

Linie 2a trennt die unterschiedliche Realisierung der Auslautsilbe in hd. „essen" und „haben". Während der Westen dafür einen dumpfen „a"-Laut besitzt, spricht man im Osten *„essn"* und *„hom"* bzw. *„ham"*.

Linie 5 scheidet das westliche *„aich"* vom östlichen *„enk"* (euch).

Linie 6 schließlich ist eine alte Wortgrenze zwischen *„Douschda"* und *„Bfinsda"* (Donnerstag), die heute nicht mehr existiert.

16

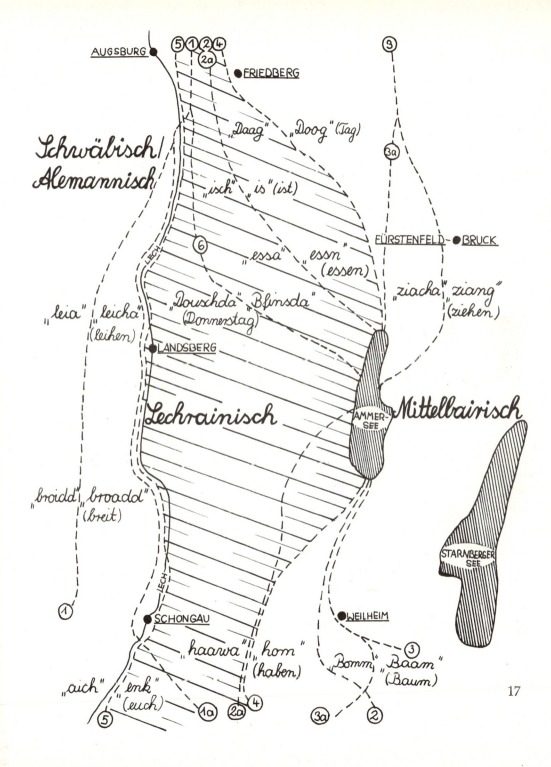

AUGSBURG ⑤①②④
②a
● FRIEDBERG

③

„Daag" „Doog" (Tag)

Schwäbisch/
Alemannisch

③a

„isch" „is" (ist)

FÜRSTENFELD ● BRUCK

⑥ „essa" „essn"
(essen)

„ziacha" „ziang"
(ziehen)

„leia" „leicha"
(leihen)

„Douschda" „Bfinsda"
(Donnerstag)

● LANDSBERG

Lechrainisch

AMMER-
SEE

Mittelbairisch

„broidd" „broadd"
(breit)

STARNBERGER
SEE

①

● WEILHEIM

② SCHONGAU

„haawa" „hom"
(haben)

③

„Bomm" „Baam"
(Baum)

„aich" „enk"
(euch)

①a ②a ④

⑤

③a ②

17

Bodenfunde und Hügelgräber künden von frühester Besiedlung

Die früheste Besiedlung der Landschaft östlich des Lechs ist in der Jungsteinzeit nachgewiesen. Wie die Siedlungsfunde bei Pestenacker (im nördlichen Landkreis Landsberg) aussagen, haben damals schon Menschen mit festen Wohnstätten das Bild der Gegend geprägt. Auch bei Obermühlhausen und Winkl bezeugen vereinzelt aufgefundene Steinbeile die Anwesenheit von Menschen in der Zeit um 2000 vor Christus. Von da an läßt sich eine kontinuierliche Siedlungstätigkeit der verschiedensten Volks- und Kulturgruppen verfolgen.

In der Frühbronzezeit scheinen die Bewohner des Lechrains mit kriegerischen Auseinandersetzungen konfrontiert gewesen zu sein, nachdem man bei Inning und Unfriedshausen in Depots Bronzespangen gefunden hat. Sie haben Plünderung und Raub im Gefolge von feindlichen Einfällen aus dem südosteuropäischen Raum in diesen Verstecken überstanden.

Heute noch für jeden sichtbar künden zahlreiche Hügelgräberfelder von einer zunehmenden Besiedelung. Mit einem Durchmesser von 10−20 Metern und einer Höhe zwischen 50 cm und 3 Metern wurden sie jeweils für einen einzelnen Verstorbenen angelegt und mit Beigaben versehen. Als Neuerungen dieser Epoche, die als Hügelgräberbronzezeit bezeichnet wird und etwa in den Zeitraum von 1550−1250 v. Chr. einzuordnen ist, gelten das Schwert, das Rasiermesser, besondere Arten von Schmuck und allgemein die Verarbeitung der Bronze in Werkstätten.

In der Urnenfelderzeit (bis etwa 750 v. Chr.) bewirkte wahrscheinlich ein Klimaumschwung größere Völkerbewegungen: Die Ackerbauern im Norden zogen nach Süden und siedelten sich in den Flußtälern und Niederungen unserer Gegend an. Zum ersten Mal tritt nördlich der Alpen die Verwendung von Schild und Helm auf, das Bronzemesser tritt an die Stelle des bis dahin vorherrschenden Dolches. Es entwickelt sich eine Keramik, deren Vorbild in den bisherig verwendeten Metallgefäßen steckt.

Die Bronze verliert im anschließenden Zeitraum der Hallstattzeit (ca. 750−450 v. Chr.) stark an Bedeutung. Außer Schmuckgegenständen fertigten die Menschen in dieser Epoche alle ihre Metallartikel aus dem neu entdeckten Eisen. Die Hügelgräberfelder im Westerholz und im Streiham bei Heinrichshofen stammen ebenso aus dieser Zeit wie die nördlich der Straße von Pürgen nach Hofstetten, die als die schönsten und am besten erhaltenen in ganz Süddeutschland gelten.

Zum ersten Mal können die Ausgrabungsergebnisse im Lechrain für die Latènezeit einem historisch bezeugten Volk zugerechnet werden. Die Kelten drangen seit der Mitte des 5. Jahrhunderts von Westeuropa aus nach Süden und Osten vor. Dabei werden im Raum südlich der Donau das keltische Volk der Vindeliker seßhaft und an den beiden Lechufern die Likatier, ebenfalls dem keltischen Stamm zugehörig. Sie hinterließen die Viereckschanzen, nach neueren Erkenntnissen Kultanlagen und Opferstätten, von denen in ganz Bayern etwa 150 ermittelt worden sind. Die vorgeschichtliche Besiedlung des Landes am Lech kann heute nur noch aus den Bodenfunden erschlossen werden. Anders dagegen die Zeit der Römer in unserer Gegend. In diese Epoche fällt die früheste schriftliche Geschichtsquelle, die vom Lechrain, bzw. von seinen Bewohnern erzählt. Der römische Schriftsteller Plinius hat die Inschrift eines Siegesdenkmals, das auch heute noch als Ruine bei Monaco zu sehen ist, überliefert. Darauf werden die Namen der 45 besiegten Keltenvölker, die sich die Römer im Verlauf der Eroberungen des Tiberius im Alpenvorland unterworfen hatten, angeführt. Darunter findet sich auch der Name des Likatiervolkes, von dem man mit Sicherheit annehmen darf, daß es an den Ufern des Lechs seinen Wohnsitz hatte.

Von 15 v. Chr. bis in die Mitte des 4. Jahrhunderts herrschten die Römer in unserer Gegend und überzogen das Land mit einem eindrucksvollen Straßennetz. Auch heute noch können vereinzelt Reste dieser Verkehrsverbindungen im Lechrain entdeckt werden. Die Brennerstraße führte von Weilheim über das Ammersee-Westufer, Geltendorf und Egling direkt nach Augsburg.

Bei Heinrichshofen zweigte die Consularstraße nach Salzburg ab und bei Raisting über Epfach die Verbindungsstraße nach Bregenz. Aber auch die Überreste von luxuriös ausgestatteten Gutshöfen und Landhäusern zeugen von einer intensiven Besiedelung und Landnutzung durch die Römer.

Erstmals erschüttert wurde die Herrschaft des Römischen Reiches über die Provinz Rätien, zu der auch der Lechrain gehörte, im Jahr 233 von den Alemannenstämmen, die den Limes überrannten, bis ins heutige Italien vorstießen, dann aber wieder vertrieben werden konnten. Trotz nie ganz aufhörender Einbrüche in ihre Provinz konnten sich die Römer noch fast 200 Jahre halten, bis sie im Jahr 395 ihre Truppen nach Italien abziehen mußten. Man glaubt heute, daß das Land im 5. Jahrhundert − von dem in ganz Bayern keine schlüssigen Nachweise existieren − von rivalisierenden Germanenstämmen durchstreift wurde, während sich die römische Oberschicht nach Italien abgesetzt hatte. Die einheimische keltische Bevölkerung, die sich stark mit den ansässig gewordenen römischen Kriegsveteranen vermischt hatte, mußte wahrscheinlich in den ausgedehnten Waldgebieten vor den feindlichen Überfällen Schutz und Sicherheit suchen, um zu überleben.

Zu diesem Zeitpunkt setzt die Entstehung der Mundartgrenze zwischen Baiern und Schwaben ein. Für die zweite Hälfte des 5. Jahrhunderts können heute starke alemannische Übergriffe ins später bairische Gebiet festgestellt werden. Herzog Gibuld taucht sogar mit seinem Heer bis vor Passau auf. Aber auch Ausgrabungsergebnisse, leider noch nicht sehr zahlreich, zeigen einen alemannischen Einschlag bei den Grabbeigaben in der Gegend von Regensburg und Erding. Dazu sind wohl noch die echten Ortsnamen auf -ing, ursprünglich -ingen, ein Hinweis auf die Landnahme durch Alemannenstämme in unserer Gegend. Sie sind nach der Ansicht von Ortsnamenforschern die ältesten unter den bei uns vorkommenden Ortsnamenschichten und gehen direkt auf die Zeit der Landnahme zurück. Nachdem die germanischen Völkerschaften und Stämme bis dahin ein unstetes Wanderleben geführt hatten, dabei auch keine Beziehung zur Landschaft entwickeln konnten und sich nicht mit Grund und Boden identifizierten, gaben sie ihren ersten festen Siedlungen auch logischerweise nicht Landschafts- oder Flurnamen, sondern benannten sie nach dem Oberhaupt ihrer Sippe. So führt der Ortsname „Eresing" zurück auf eine Namengebung mit der Form „bei den Leuten des Argizzo", „bei den Argizzingen". Im Jahr 1126 wird er dann zum ersten Mal schriftlich als „Argisingen" überliefert. Man schließt hieraus, daß zur Zeit der Gründung von Eresing ein Mann mit dem Namen „Argizzo", was soviel bedeutet wie „Adlerpfeil", der Gefolgsherr einer Sippe war, die sich unter seiner Herrschaft dort niedergelassen hat.

Die zweitältesten Ortsnamengruppen sind die auf -hausen und -hofen, sowie wahrscheinlich die -dorf-Ortsnamen. Die Orte mit solchen Namen wurden kurz nach der Landnahme durch Rodung gewonnen und stellen Ausbausiedlungen dar.

Etwa um 800 war die Besiedlung des Lechrains im großen und ganzen abgeschlossen. Die meisten Ortschaften, die heute noch existieren, waren gegründet. Das Ackerland war gewonnen, indem man die ausgedehnten Waldungen abgeholzt hatte. Die Menschen hatten das einst unwirtliche Land entlang des Lechs zu einer Heimat für sich und ihre Nachfahren gemacht.

Bis zum 12. Jahrhundert waren die Menschen eingebunden in die sogenannte Fronhofverfassung. Die leibeigenen Bauern mußten auf dem Maierhof, dem Hof des Grundherrn, unentgeltlich arbeiten. Die Herrschaft hatte nur für ihre Ernährung und Unterkunft zu sorgen. Andere Bauern, freie wie unfreie, die auf den umliegenden Höfen auf ihre eigene Rechnung wirtschaften durften, hatten dem Grundherrn Abgaben zu entrichten und eine nicht gerade geringe Schararbeit zu leisten. Erst als diese Fronhofverbände im 12. Jahrhundert zerfielen, durften sich die Bauern als selbständig und weitgehend unabhängig betrachten. Sie hatten von da an nur noch als Pächter ihre festgelegten Geld- und Naturrenten an die Grundherrschaft abzuliefern. Auch die Maierhöfe wurden an die umliegenden Bauern verpachtet. Diese Rentengrundherrschaft bestand bis zum Jahr 1848, als die Höfe an die Bauern als Eigentum übergingen. Doch die ehemaligen Grundherren konnten teilweise bis in unser Jahrhundert hinein einen jährlichen Bodenzins für ihren verlorengegangenen Besitz beanspruchen.

Seit dieser Umschichtung der Erwerbsgrundlagen im 12. Jahrhundert dürfte sich am Gesicht der Dörfer bis in die dreißiger Jahre dieses Jahrhunderts, abgesehen von der Ansiedlung von Söldnern, Handwerkern und Kleinbauern, nichts wesentliches geändert haben. Die Orte waren geprägt vom Nebeneinander der großen Höfe, die teilweise bis zu 25 Menschen beherbergten und beschäftigten, mit den Kleinhäusleranwesen, auf denen eine Familie ohne Dienstboten oftmals in Verbindung mit einem dörflichen Gewerbe oder Handwerk ihr Auskommen suchte und auch fand. Die Arbeitsabläufe waren von der Natur vorgegeben, und blieben von Jahr zu Jahr, von Jahrhundert zu Jahrhundert, die gleichen. Alle Arbeit war von Hand oder mit Hilfe von einfachen Werkzeugen zu verrichten. Die einzigen Einschnitte in dieses jahrhundertelange langsame Werden unserer Kulturlandschaft stellten die Kriege dar, die das Land in verheerender Weise überrollten. Ob es die Schweden waren, die mit Raub und Mord in die Gegend zogen und Ernte und Vieh vernichteten, oder napoleonische Truppen Nahrungsmittel für sich requirierten, die sowieso für die Einheimischen nicht im Überfluß bereitstanden, jedesmal mußte die Bevölkerung das Land wieder bestellen, ihre verbrannten oder niedergerissenen Höfe wieder aufbauen und die meist nachfolgende Pest ertragen. Die eigentliche Revolution der Landwirtschaft hat erst in diesem Jahrhundert eingesetzt und dauert bis heute an. Die Arbeitskraft des Menschen, seit Anfang der landwirtschaftlichen Kultur der wichtigste Faktor bei Feldbestellung und Viehzucht, hat ihre Bedeutung fast völlig eingebüßt. Die kleinen Höfe können ihre Besitzer nicht mehr ernähren, die großen Bauern betreiben ihre Anwesen mit einem Maschinenpark, der es ihnen ermöglicht, heute allein Flächen zu bearbeiten, die früher 20 Arbeitskräfte vollständig ausgelastet hätten. Diese Entwicklung kann und soll auch nicht aufgehalten werden, trägt sie doch maßgeblich zu unserem heutigen Wohlstand bei. Trotzdem verbleibt ein wenig Wehmut, nachdem mit der raschen Technisierung und Mechanisierung auch die guten Seiten des alten Bauernlebens verschwunden sind. Das Gemeinschaftsgefühl im Dorf ist fast nur noch nach Feierabend anzutreffen, wenn die Vereine ihre Aktivitäten anbieten. Unterhaltung besteht nur noch aus Sensationen und Stars, während früher eine Tenne oder eine Rokkenstube genügte, um einen lustigen Abend zu garantieren. Die Bewohner des alten Dorfes mußten früher ihre Phantasie und ihren Erfindungsgeist anstrengen, um sich zu amüsieren; ihre Armut erlaubte ihnen nur die einfachsten Mittel.

Aus der Zeit, in der die Technik ihren Einzug in die Dörfer hielt, hat sich eine Geschichte bewahrt, die in vielen Variationen erzählt wird: Der Bauer, der als erster in der Gemeinde eine Zugmaschine kaufte, konnte sicher sein, daß er damit eine Sensation auf dem Hof stehen hatte. Wenn der Bulldog geliefert wurde, standen die meisten Dorfbewohner auf der Straße, um zuzusehen, wie dieses Wundergerät funktionierte. Der stolze Besitzer, beim Landmaschinenhändler in der Stadt nur kurz in der Bedienung des Fahrzeugs unterwiesen, hatte sich gerade noch gemerkt, wie der Dieselmotor anzukurbeln, der Gang einzulegen und die Kupplung loszulassen war. So drehte der Fahrer einige Runden im Hof, stolz auf die Neuerwerbung und im Bewußtsein, daß diese lärmende Maschine die Arbeit um vieles vereinfachen würde. Doch bald trat die Frage auf, wie der Bulldog zum Stehen gebracht werden könne. Nervosität überfiel den gerade noch so stolzen Lenker. Das Verhängnis nahm seinen Lauf. In der Aufregung vergaß der Fahrer zu lenken und fuhr mit dem schweren Blechroß aufs Stadeltor zu. Lauthals brüllte der Bauer „ööha, ööha" und zerrte am Lenkrad, wie er dies früher an den Zügeln seines Pferdegespannes getan hatte. Doch unbeeindruckt davon durchbrach die Zugmaschine das Tor, ratterte dem hinteren Ausgang zu, riß diesen nieder und kam erst, vom verzweifelten Chauffeur dorthin gelenkt, an einer stabilen Mauer zum Stehen. Das Vertrauen vieler Zuschauer in die moderne Landtechnik soll nach solchen Vorführungen rapide gesunken sein.

Rauhkehliger Dialekt aus Lechrainer Mund

Wer als Auswärtiger in die lechrainer Gegend kommt und sich die Mühe macht, den Menschen in der Gastwirtschaft, der Werkstatt, im Stall oder auf der Straße beim Gespräch untereinander zuzuhören, wird wahrscheinlich von sehr unterschiedlichen Eindrücken verwirrt werden. Die erste Erkenntnis über die Mundart im Lechrain wird womöglich sein: Hier sagen die Leute *Kaschta, fescht, loffa*, statt bairisch *Kastn, fest, laffa*. Die reden also schwäbisch.

Wer zuhört, stellt sehr bald fest, daß im Lechrainischen ein großer Teil an Bairischem enthalten ist. Im Gegensatz zum Schwäbisch-Alemannischen sagt man *enk, Bear* und *kejma*, wie im bairischen, anstatt *ui, Eber, komma*. Wenn sich der Zuhörer sprachlich soweit durchgearbeitet hat und glaubt, nun habe er einen einfachen Mischdialekt aus dem Schwäbischen und Bairischen vor sich, stößt er mit Sicherheit auf einen Satz wie diesen: *„Dej Kcheachalin kchaasch kchrad* *sou guad an Kchuchakchaschda nejdua ."* Sofort erinnert man sich, daß dieses harte, behauchte *kch* eigentlich ins Tirol, nach Kärnten und in die Steiermark, teilweise sogar noch ins Burgenland gehört. Vollständig wird die Verwirrung, wenn man Wörter hört wie *Drool* für eine Windhose, *z'marngischd* als Bezeichnung der frühmorgendlichen Tageszeit, *woali* mit der Bedeutung schnell, flink, tüchtig. Sie sind nur noch in unserem Dialekt anzutreffen, das Umland hat sie entweder nie besessen, oder schon vor langer Zeit gegen neue Wörter ausgetauscht.

Dieses Zusammentreffen verschiedenartiger Sprachmerkmale hat seit Beginn der deutschen Dialekterforschung im

Beim Wurdd fand ein großer Teil des kulturellen und gesellschaftlichen Lebens statt

23

letzten Jahrhundert die Sprachwissenschaftler in besonderer Weise interessiert. Deshalb war der Lechrain immer wieder das Ziel von Kundfahrten, auf denen Dialektologen ihr Material gesammelt und anschließend ausgewertet haben. Von ihnen soll der beste Kenner der Mundart im Lechrain, der Dießener Germanist Dr. Bruno Schweizer, genannt sein. Er hat fast sein ganzes Leben damit verbracht, die Sprache seiner Heimat zu erforschen. Leider ist der größte Teil seines Werkes nie veröffentlicht worden. Sein Tod im Jahre 1958 hat die Herausgabe des umfangreichen Materials verhindert. So liegt von ihm ein „Dießener Wörterbuch" mit ca. 10 000 Stichwörtern vor, seine Doktorarbeit über den Konsonantismus des Lech-Isar-Landes und ein Dialektatlas von Altbaiern. Alle diese Arbeiten sind ungedruckt und sehr schwer erreichbar. In der von Dr. Bruno Schweizer herausgegebenen Zeitschrift „Lech-Isarland" sind immer wieder aufschlußreiche Artikel über Geographie, Wortkunde und Ortsnamen des Lechrainischen erschienen.

Alle diese Forschungen im Bereich der Sprache haben jedoch zum größten Teil die Erforschung der Geschichte Bayerns oder Schwabens zum Ziel gehabt. Der Dialekt ist nie vornehmlich um seiner selbst willen untersucht worden.

Der Lechrainer Dialekt gehört nach neueren Erkenntnissen zu einem Teil ins altertümliche Südmittelbairische, das vor allem in den östlichen Alpen gesprochen wird, zum anderen zum Alemannischen, dessen Ausläufer noch bis tief ins Altbairische hineinreichen.

Um dem Leser die Lektüre der Mundartbeispiele im Text zu vereinfachen, soll hier ein kleiner Überblick über die Besonderheiten der Aussprache und des Satzbaues gegeben werden.

Die neuhochdeutschen Wörter „Feile", „Zehn", „Weiher", „leihen" nehmen im Lechrainischen die Form *Feichl, zejcha, Weichar* und *leicha* an. Der Grund dafür ist ein aus dem Germanischen übriggebliebenes „h" in den mittelhochdeutschen Wortformen. „Feile" hieß im Mittelhochdeutschen „vihele" und hat im Lechrainischen dieses „h" zwischen Vokalen als „ch" erhalten.

Weitere Beispiele sind: *zeach, hoach, Druucha, sejcha, ziacha*. Auf der anderen Seite haben die Funktionswörter wie „auch", „noch", „mich", „dich", das „ch" völlig verloren und erscheinen als *o, nou, mi, di*. Dies dürfte daran liegen, daß diese Wörter nur in wenig betonter Form im Satz vorkommen und außerdem keine Beugungsendungen annehmen können, wie dies bei *a zeacher Brooda* oder *hoachi Barg* möglich ist.

Ein interessantes Phänomen ist der unterschiedliche „ch"-Schwund in den lechrainischen Entsprechungen zum „nhd" „gleich".

In der Bedeutung von „sofort", „bald", „wohl", nimmt es die Form „gei" an: „*I kimm gei*" („Ich komme sofort") − „*I bie gei forddi*" („Ich bin bald fertig") − „*Wousch id gei hergeasch*" („Kommst du jetzt wohl her").

Die Adverbform wird auch als bekräftigendes Füllwort verwendet: „*Gei zwuanzg Mark mear als wia neachd; Dr Knejchd hod gei seachze Kiachlin gfressa.*"

Die Adjektivform dagegen lehnt sich an die schriftsprachliche Version an: „*Dejs isch der gleich Haislaschleicher wia sej Vaader. — Mi isch dejs gleich, wousch kimmsch ouder id. — Dej Reachnung gead gleich auf gleich naus.*"

Die Aussprache des „l" im Lechrainischen ist bis heute bei den Wissenschaftlern umstritten. Sie haben bisher eine Unzahl von Varianten der „l"-Realisierung herausgefunden, ohne jedoch die Verwendungsregeln festlegen zu können.

Der Grund für diese Verwirrung liegt in der Tatsache, daß der Lechrain das Mittelstück zwischen der konsequenten Aussprache des „l" im Alemannischen, Schwäbischen und der im Bairischen üblichen Vokalisierung darstellt.

Hier genügt es, wenn die Haupttypen des „l" im Vergleich zum Bairischen und zum Schwäbischen dargestellt werden.

Der erste Typ des „l" entspricht noch am ehesten dem gewohnten Ausspracheschema dieses Lautes. Die Zunge berührt den Gaumen hinterhalb der oberen Zahnreihe, während die Luft an beiden Seiten ausströmen kann. Natürlich hat auch dieser Laut mehrere Varianten, zum Beispiel in den Verbindungen „sl" wie in *Kessl* oder „gl" wie in *Vougl*. Diese sind jedoch nicht typisch für den Dialekt, sondern treten in vielen Sprachen als Folge der physiologischen Konstruktion des Mundraumes auf.

schwäbisch	lechrainisch	bairisch	hochdeutsch
1. Mäd*le* blejba	Mella bleiwa	Mad*l* b*l*eim	Mädchen bleiben
2. Od*l*	Oo*l* Droo*l*	Od*l*	Jauche Windhose
3. Bol*l*a käl*d*dr fal*l*a Schdua*l*	Böy*l*a köy*l*ddr fay*l*a Schduay*l*	Boin käidda foin Schdui	Bollen kälter fallen Stuhl
4. Schdie*l* Föld	Schd*üü* Fö*öd*	Schdui Fejd	Stiel Feld

Unter 2. werden Beispiele für ein „l" angeführt, das etwa dem englischen dumpfen „l" wie in „call" entspricht. Die Zungenspitze ist dabei etwas nach hinten gebogen, während die Hinterzunge ganz nach unten zu liegen kommt. Auch glaubt man, vor dem „l" einen ganz leichten „d"-Anklang zu hören.

Die dritte Sorte „l" verliert schon die Merkmale, die Konsonanten im allgemeinen charakterisieren. Der Laut wird nicht mehr gebildet durch ein Hindernis im Luftstrom, wie dies bei „r", „s", „m" und all den anderen Mitlauten der Fall ist, sondern erhält seine Klangfärbung durch die Größe und Form der Mundhöhle. Es entsteht, beeinflußt vom vorangegangenen Vokal, ein „ü"-ähnlicher Laut.

Ein „l" als solches kann man den Laut, wie er unter 4. aufgeführt ist, eigentlich nicht mehr bezeichnen. Er hat sich völlig dem vorangestellten Selbstlaut angeglichen und erscheint nicht mehr als selbständige Einheit.

Die Aussprache und vor allem die Verwendung dieses komplizierten Lautsystems ist eine der Hürden, die einen Zugereisten sein ganzes Leben am perfekten Erlernen der lechrainischen Mundart hindert. Sie ist aber auch einer der entscheidenden Faktoren, die das Erscheinungsbild des Lechrainischen von der Lautung her prägen. Zur besseren Lesbarkeit wird jedoch im weiteren auf eine unterscheidende Schreibung verzichtet.

Ein weiteres Charakteristikum des Lechrainischen ist die aus dem Althochdeutschen bzw. Altbairischen erhaltene Aussprache des „k" als „gch". Auch sie trägt viel zum altertümlich anmutenden Aussehen der Mundart bei. *„Gchua gchrangchs Gchindla gcha gchuan gcheifa Gchnejl gchia."* In diesem Satz wird deutlich, daß die Verwendung der „ch"-Behauchung sehr konsequent durchgeführt und überall angewendet wird. Sie erscheint in derselben Form im südbairischen Sprachraum, wo sie auch aus den alten Sprachformen übernommen und weitergeführt wurde. Die komplizierte Schreibung wird im Folgenden nicht benützt. Der Leser weiß ja, daß jedes „k" den oben beschriebenen Lautgesetzen folgt.

Einige standarddeutsche Wörter mit dem Diphtong (Zwielaut) „au" erhalten im Lechrainischen die mittelhochdeutsche Form. So heißt es hier *loffa* statt „laufen", *Roffa* statt „Raufe" (Gestell, aus dem die Pferde ihr Heu fraßen, „rauften"), *koffa* statt „kaufen", *Bomm* statt „Baum" und ebenso bei vielen anderen Beispielen.

Gemeinsam mit dem Südbairischen hat das Lechrainische auch die typischen fallenden Diphtonge „oa" wie in *road, doad, Roasa* (Rose) und „ea" in *Sea, Schnea, Reach* (Reh). Sie sind an die Stelle der mittelhochdeutschen Langvokale „ô" bzw. „ê" getreten.

Auch im Fall der mittelhochdeutschen Lautformen „ei" und „î", die sich im Standarddeutschen heute beide als „ei" bzw. „ai" präsentieren, unterscheidet der Dialekt. Für „ei" erscheint im Lechrainischen entweder die bairische Form „oa" wie in *zwoa, broad, Loab, roasa*, oder die vom nachfolgenden „n" veränderte Form des nasalen „ua", belegt in *Schdua, kuar, luana, Luam*. Dagegen hat sich das lange historische „î" zum heutigen „ei" entwickelt, wie dies aus den Beispielen *drei, reidda, weiß* ersichtlich ist. Aber auch hier hat sich eine nasalierte Sonderform wie in *mei^n Rous, dei^n Waga, Sunnaschei^n* ergeben.

Davon nicht betroffen sind kirchensprachliche Erscheinungen wie „Geist", „rein", „heilig", oder auch „Fleisch".

Die Wortbetonung wird, wie bei den meisten süddeutschen Mundarten, unterschiedlich zum Standarddeutschen gehandhabt. Der Lechrainer sagt: Ka*fee* (*Ku*ffe), Zie*gan* (Zi*ga*rre), Mu*si* (Mu*si*k), Da*wak* (*Ta*bak), Bu*loower* (*Pu*llover).

Die Unterscheidung von Ein- und Mehrzahl im Dialekt ist ein äußerst schwieriger Vorgang. Hier sollen wenigstens die geläufigsten Typen der Pluralbildung erläutert werden: Die Wörter, die keine Endung aufweisen können, werden mit einem Mehrzahl-„a" versehen. So entsteht *Katza* aus *Katz, Brugga* aus *Brugg, Schdrossa* aus *Schdross* oder *Wiesa* aus *Wies*.

Es existieren allerdings Substantive, die dieses „-a" schon in der Einzahlform mit sich führen: *Kejdda, Lambba, Kabba, Warza* u. ä. Wenn sie von einem Artikel oder einem Zahlwort begleitet werden, dann läßt sich die Anzahl noch recht gut herausfinden: *„Do isch finschder, bring mar a Lambba"*, oder: *„Wenn der Hausierer kimmb, no koffsch fümf Kuakejdda"*,

sind recht eindeutige Sätze. In Beispielen wie: *„Bring mar d' Kejdda"* und: *„Dr Sebb bejdd mar d' Warza a"*, ist dagegen nicht klar, ob eine oder mehrere Ketten benötigt werden, ob der „Patient" nur eine Warze hat oder eine ganze Handvoll durch Abbeten entfernen lassen will. In sehr zweideutigen Fällen fügt der Lechrainer deshalb an diese Wörter zur Mehrzahlbildung ein -ch an und macht daraus *Lambbach, Kejddach* usw.

Andere endungslose Hauptwörter wie *Ring, Schoof, Barg* oder *Fliachdling* müssen dagegen ohne eine eigene Pluralform auskommen. Eine weitere Klasse vermehrt sich durch ein angehängtes „r" bzw. „ar". So wird aus *Schdua Schduar*, aus *Bua* (Knochen) *Buar. Bedd* vervielfältigt sich zu *Beddar* und *Brejdd* zu *Brejddar*.

Die Verkleinerungsformen bilden die Mehrzahl, indem sie aus „-la" ein „-lin" machen wie in *Mella/Mellin, Guadsala/Guadsalin, Ägschdla/Ägschdlin* oder *Kearla/Keurlin* (Korner).

Wie ökononisch die Mundart mit Sprachzeichen umgeht, zeigt sich an den Mehrzahlformen, die mittels Umlautung (Vokaländerung) gebildet werden: Das Hochdeutsche verschwendet im Plural von „Fuß" zwei vollwertige Pluralmerkmale, nämlich zum einen den Umlaut „u/ü" und zum anderen die Endung „-e" bei Füße. Der Dialekt ist da weitaus sparsamer und verläßt sich nur auf die Umlautung: *Fuas/Fias, Rausch/Raisch, Schbruuch/Schbriach, Drumbf/Drimbf*, heißt es da und Händ, Bänk,

Röck oder Bäch sind auch ohne „-e" recht verständliche Mehrzahlwörter.

Das Geschlecht der Hauptwörter ist in vielen Fällen unterschiedlich zum Hochdeutschen. Es schwankt, weil das grammatische Geschlecht nicht notwendigerweise das natürliche Geschlecht bezeichnen muß. Darum kann es sein, daß ein Schulkind eine schlechte Aufsatznote beichten muß, wenn es schreibt: „Die Mutter bindet sich den Schurz um, holt einen Petersil herein und legt den Butter auf das Teller." Andererseits erntet es daheim schallendes Gelächter, wenn es den selben Satz mit den „richtigen" Geschlechtsformen in den Mund nimmt. Das Dilemma, in dem das Kind hier steht, ist nicht die Entscheidung zwischen „richtig" und „falsch", sondern zwischen Bairisch und Standarddeutsch. So wäre es wohl des Nachdenkens wert, ob eine Spracheigenheit wie diese, die von vielen Menschen in ganz Süddeutschland verwendet wird und nur von ein paar Dudenredakteuren als unrichtig eingestuft wird, nicht zu einer Variante des Standarddeutschen erklärt werden könnte. Dann wäre es dem Teller gelungen, seinen Ursprung aus tälirpret, *das* Schneidbrett, ins Deutsche zu übertragen.

Wie der Leser unschwer feststellen kann, ist dieses Buch weder eine reine Wortsammlung, noch eine Brauchtumsfibel, noch eine Dialektgrammatik. Vielmehr enthält es einen ausschnittweisen Überblick über die wichtigsten Teilbereiche des Lebens unserer Vorfahren und will den Leser anregen, seine eigenen Erinnerungen aufzufrischen. Es will weiterhin einen Teil des Wortschatzes darstellen, der unseren Großeltern ganz selbstverständlich geläufig war und der uns heute langsam und unbemerkt entgleitet.

Die Schreibung der Dialektwörter kann zwangsläufig nur als Kompromiß zwischen einer aufs Hochdeutsche ausgerichteten Schrift und einer niemals geschriebenen Mundart verwirklicht werden. Deshalb sollte die Niederschrift der Wörter als eine der möglichen, von Landschaft zu Landschaft, von Dorf zu Dorf, ja sogar von Mensch zu Mensch verschiedenen Aussprachevarianten angesehen werden. Wichtig ist allein der Anstoß, den sich die Leser geben, in ihrer Umgebung nach typischen Ausdrücken, nach sprachlichen Eigenheiten und damit nach ihrer eigenen Besonderheit und Einmaligkeit zu suchen.

Brauchtum in Wort und Sprache

Dreikönigswasser und Salzteig gegen böse Geister

Für die Menschen auf den Dörfern begann das neue Jahr am 6. Januar, am *Heili-Drei-Kini-Dag*. Dieser Tag kennzeichnet das Ende der weihnachtlichen *Gejbnächt*, die noch zum Weihnachtsfest gehörten. Die Tage begannen von diesem Zeitpunkt an wieder sichtbar länger zu werden. Die Glückwünsche für das angebrochene Jahr, *'s Naijohragwinnu*, überbrachte man ebenfalls erst an diesem Tag. Nachbarn und Verwandte wurden besucht um ihnen *a guads nais Johr* zu wünschen. Der Hausherr schrieb mit der am Vorabend in der Kirche geweihten Kreide über die Türen von Haus und Stall die Initialen der Weisen

+ C + M + B +

sowie die Jahreszahl. Diese drei Buchstaben stehen auch als Segenszeichen für die lateinischen Worte: „Christus mansionem beneficat" – „Christus segne dieses Haus." Die Kreuze zwischen den Anfangsbuchstaben verwehrten unheilbringenden Geistern den Eintritt ins Haus.

Zum Anschreiben an den Türen gehörte auch der Räuchergang. Die ganze Familie, zu der damals noch die Dienstboten gehörten, zog durch Haus, Stall und Obstgarten, um mit ebenfalls geweihtem Rauch die Dämonen zu bannen.

Bei der Dreikönigsweihe, die am Vorabend in der Kirche gespendet wurde, brachten die Menschen Salz, Wasser, Weihrauch und Kreide mit. Aus dem Salz und dem Wasser mischte die Bäuerin einen Teig, der getrocknet als *Salzstua* hinter die Stubentür gehängt wurde und von dem sich jeder, der für längere Zeit *iwer Land* gehen mußte, einige Brösel abkratzte und in die Tasche steckte.

Mancher Bauer spritzte einen Teil seines *Dreikiniwassers* auf seine Felder um den *Bülmesschneider* abzuhalten. Ihm sagten die Bauern nach, daß er in den Abendstunden der Bülmesfreinächte auf dem Teufel in Gestalt eines schwarzen Geißbockes unsichtbar *derzwarch* durch die Getreideäcker reitet und dabei einen halbmeterbreiten Schnitt über den ganzen Acker hinterläßt. Sehen konnte ihn nur jemand, der einen verwachsenen *Scheerhaufa* umgekehrt auf seinem Kopf trug. Als Mittel gegen diesen Unhold half meist ein Besprengen mit *Dreikiniwasser*, *Dreikinisalz* und Pfingsttaufwasser.

Trudengeschichten beim Huogordda in der Gungelstube

Im Winter, wenn die Feldarbeit ruhte, gingen die Menschen auf den Dörfern im Lechrain den Tätigkeiten nach, die im Sommer zu kurz gekommen waren: Die Mannsbilder reparierten schadhaft gewordenes Gerät, fertigten für das kommende Jahr die nötigen Besen oder flochten aus gespaltenen Wurzeln die in Stall und Hof notwendig gebrauchten *Louwakreddsa*, Körbe, in denen alles lose Material transportiert werden konnte.

Die Frauen trafen sich an den Winterabenden in der *Gungel,* um den während des Jahres gewonnenen Hanf zu verarbeiten. In den meisten Fällen ging man zu dem Bauern, der die größte *Schduwa* hatte und setzte sich ein paar Stunden zusammen, arbeitete, tauschte Neuigkeiten aus und erzählte alte Geschichten. Die schlechte Beleuchtung, die oft nur in einer Ölampel oder einer flackernden *Inschldkorza* bestand, und die monotone Arbeit schufen eine dumpf-unheimliche Atmosphäre, in der Hexen-, Geister- und Teufelsgeschichten vorzüglich gedeihen konnten. So dürften alle bis heute bekannten Sagen und Erzählungen aus dem Lechrain in den Gungelstuben überliefert worden sein.

Geschichten von Truden, die, tagsüber normale Nachbarinnen oder Dorffrauen, in der Nacht ihren Mitmenschen auf der Brust saßen und ihnen die Luft abdrückten oder auf dem besten Pferd im Stall ritten, daß ihm am nächsten Morgen noch der Schaum vor dem Maul stand und es den ganzen Tag nicht zur Arbeit zu gebrauchen war. Von Hexen, deren einzige Lust es war, das Glück anderer Leute, vornehmlich guter Christen, im Stall, auf dem Feld oder in der Familie zu verderben, ihre Kühe auszumelken oder den Menschen *d' Lungasuchd* anzuzaubern. Solche Geschichten trugen nicht nur zur Unterhaltung der Dorfleute bei, sie brachten auch Zwietracht ins Dorf, Mißtrauen unter die Leute und oft großes Unglück über diejenigen, denen man diese Zauberkräfte andichtete.

Am gschmalzigen Samstag war für den Vielfraß Feiertag

Die Zeit zwischen dem *gumpada Douschda* und *alla Narra Fasanachd* war gekennzeichnet vom übermütigen Treiben vor allem der jüngeren Leute. *Gumbbad* heißt ja „hüpfend", „lustig springend". So begann der Fasching mit ausgelassenem Tanzen und Gesang im ganzen Dorf.

Am nächsten Tag, dem *ruaßiga Freidda*, wurde jeder, der es als unwürdig erachtet hatte, sich wenigstens ein bißchen zu maskieren, mit einer ordentlichen Portion *Oufaruaß* eingerieben. Das war natürlich die Gelegenheit für die Burschen, den Mädchen nachzujagen und ihnen einen *gscheida Schdriach* ins Gesicht zu malen. Maskierung und *Eiruaßla* waren, wie die meisten Faschingsbräuche, heidnischen Ursprungs. Die Masken sollten den Winter so verängstigen, daß er sich leicht austreiben ließ. Der Ruß im Gesicht machte Kobolde und Hexen kraftlos.

Am *gschmalzigu Sumsda* war Feiertag für den Vielfraß. Legionen von *Kiachlin, Krapfa, Halgwachsigi* und *Schmalzzöpflin* standen in der Küche und in der *Schbeis* bereit um an jeden, der ins Haus kam, verteilt zu werden. „Wer an diesem Tag nicht ißt und trinkt bis ihm di Knöpfe abplatzen, der wird das ganze Jahr nicht satt werden!" So war es durchaus möglich, daß vereinzelte leistungsfähige Esser an diesem Tag bis zu fünfzig Schmalzküchlein in sich hineinstopften, um diese Gelegenheit ja nicht ungenutzt vorübergehen zu lassen. Die eigentliche *Fasanachd* begann erst am Faschingssonntag, an *Hearafasanachd*. Sie wurde so genannt, weil an diesem Tag der Herr Pfarrer, der *Heara*, die letzte Gelegenheit hatte, sich ein üppiges Mahl servieren zu lassen. Für ihn begann die Fastenzeit nämlich schon am Ende des Sonntags.

Einige Orte folgten dem Beispiel ihres Seelsorgers und hielten am Faschings-

Der Bearadreiwer war ein beliebtes Fastnachtskostüm

montag und -dienstag Anbetungsstunden zur Vorbereitung auf das Fasten.

In der Mehrzahl der Dörfer war man jedoch der Meinung, daß es genug sei, ab Aschermittwoch mit Essen und Trinken kurzzutreten.

Der Faschingsdienstag, *alla Narra Fasanachd*, war der unbestrittene End- und Höhepunkt der lustigen Zeit. Die *Maschgara*, meist die jungen Männer des Ortes, hatten sich in *leiladi Diacher* gehüllt, *d' Rousschella* um den Bauch gebunden, *Gogglfejdara* auf den Kopf gesteckt und lärmten nun nach dem Abendgebetläuten durch das Dorf. Wer sich auf der Straße sehen ließ, wurde mit der *Saubloder* am Stecken davongejagt. Mancherorts hielt man anschließend an diesen Umzug oder erst am Aschermittwochvormittag die Beerdigung des Faschings ab. Die Nachahmung kirchlicher Riten war wohl ein besonderer Spaß, nachdem es sich die Dorfjugend im Fasching leisten konnte, die Geistlichkeit ein wenig zu *frblecka*.

Fastenzeit: 40 Tage fleisch- und fettarme Mahlzeiten

Die *Fasanachd* endete und die Fastenzeit begann mit dem *äschriga Mickda*. Beim Gottesdienst in der Frühe streute der Pfarrer als Mahnung an die Vergänglichkeit irdischer Güter den Gläubigen Asche der verbrannten Palmbuschen vom Vorjahr auf das Haupt. Sie gilt als Symbol der reinigenden Sühne. Die Herkunft dieses Brauchs jedoch ist heidnisch: Die Kelten kannten bei Tieropfern ebenfalls die Asche als Zeichen der Bußfertigkeit und Reue.

War das Essen schon während des ganzen Jahres nicht allzu abwechslungsreich und üppig, so wurde es in er Fastenzeit noch viel eintöniger und karger. Fleisch kam während der ganzen vierzig Tage nicht auf den Tisch und das Schmalz handhabe die *Bain* auch nicht gerade großzügig. Alle Küchengeräte, die mit Fleisch in Berührung gekommen waren, mußten säuberlich gereinigt werden, um jeglichen sündhaften Fleischgeruch loszuwerden.

Mancher Bäuerin wird nachgesagt, daß das Fastengebot für sie und ihre Sparsamkeit, die oft in einen handfesten Geiz ausarten konnte, einen willkommenen Grund darstellte, ihre Leute nur noch mit Wassersuppe und *Griasmuas* zu ernähren.

Junge Mädchen mieden die Märzsonne

Wenn der Schnee zu schmelzen begann, beim *Awerwera*, und die Sonne erstmals ein wenig Kraft hatte, war dies das Zeichen für die Menschen auf dem Dorf, daß der *Auswordds*, das Frühjahr gekommen war. Die Arbeit auf dem Feld wurde wieder aufgenommen sobald die letzten Schneereste abgetrocknet waren. Im *Gordda* vor dem Haus pflanzte die Bäuerin die ersten Setzlinge und Blumen. Der Bauer verstreute den *Sauriab*-Samen ins *Friabeddla*. *Die Austrägler setzten sich auf die Sunnabank*, die man ihnen vor die Haustüre gestellt hatte. Die Kinder stellten die Schuhe weg, um sie den ganzen Sommer und Herbst hindurch nur noch am Sonntag zum Kirchgang hervorzuholen. Die jungen Mädchen versuchten, der Märzsonne auszuweichen, weil diese die gefürchteten *Rousmugga* hervorrief — einen Schönheitsfehler, der der Attraktivität weiblicher Wesen großen Abbruch tat zu einer Zeit, in der blasse Haut als vornehm galt.

Im Frühjahr hatten die Lostage schon immer eine besondere Funktion. Sie zeigen dem Bauern an, wie das Wetter und die Saat unter bestimmten Bedingungen werden dürfte. Die Bauernregeln geben allgemeingültige, jahrzehnte-, teilweise auch jahrhundertealte Erfahrungen mit dem Jahresablauf wieder.

So konnten sich die Bauern früher darauf verlassen, daß es meistens zutraf,

wenn es hieß: *„Kunigund machds warm vo undd"*, oder *„Gerdraud duad dr Bouda auf."* Im Frühjahr kamen auch die Vögel wieder zurück. Dabei kam den *Schwöwlan* eine besondere Bedeutung zu. Man nannte sie auch *Muaddergoddesveigl* oder *Harrgoddsveigl*, in der Annahme, sie würden im Winter, wenn sie weggeflogen waren, dem Herrgott beim Bau des Himmels helfen. Wenn jemand im Stall ein Schwalbennest herunterschlug, versehentlich oder absichtlich, galt dies als sehr übles Zeichen: Der Frieden im Haus war bedroht und die Kühe gaben rote Milch.

Wenn man den Schwalben bei ihrer Ruckkehr die Fenster und Türen aufmachte und sie einlud, im Haus ihre *Neischdlin* zu bauen, schützte dies vor dem gefürchteten Blitzschlag.

Nach dem Benediktstag am 21. März zündete man im Haus kein Licht mehr an. Der Kienspan, die *Ölfunsl*, Kerzen und Petroleumlampen wanderten auf den Dachboden. Das Tagewerk begann jetzt wieder mit der Morgendämmerung. Die Stallarbeit war bereits getan. Auch nach der Einrichtung des elektrischen Lichtes hielt sich noch lange die Regel: *„Benadikd hodds Liachd azwickd."*

Die Sitte, einander in den ersten April zu schicken, war und ist im Lechrain wie auch in weiten Teilen Europas ein gern und ausgiebig geübter Brauch. Jedes Jahr fand sich ein „Ahnungsloser", der sich nichts dabei dachte, wenn man ihn zum *Kroumer* schickte um *a Bäckla Iwidum* oder eine Schachtel *Haumiblau*. Dem an der Nase herumgeführten blieb nichts anderes übrig, als sich selbst einen Dummen zu suchen und die Schmach der Gutgläubigkeit an diesen zu übertragen.

Den Osterbuschen zierten fünf rote Bänder

Ostern − das Hochfest der katholischen Kirche, begann am schmerzhaften Freitag mit einem Kirchenbesuch und zusätzlichem Gebet während des Tages. Das österliche Brauchtum nimmt seinen Anfang am *Balmsunnda*. Wer an diesem Tag als letzter aufgestanden war, mußte sich Palmesel nennen lassen. Dem wollte sich niemand gerne aussetzen. So waren die Hausbewohner schon recht früh auf den Beinen.

In einigen Orten vollzog man den Einzug des Herrn in Jerusalem mit einer Prozession nach. Dabei ritt der Pfarrer, einen geweihten Palmzweig in der Hand, auf einem hölzernen Esel durch das Spalier der Gläubigen zur Kirche.

Die Dienstboten erhielten am Palmsonntag das *Balmzeachgööd*, unter der Bedingung, daß sie die Osterbeichte schon hinter sich gebracht hatten. Ein ganz *hagabuachiger* Knecht, der auch nur deswegen zur Beichte gegangen war, erzählte anschließend daheim auf die Frage, wie es ihm denn im Beichtstuhl ergangen wäre, seelenruhig: *„Reachd guad, wißds, i hou mi idd gar a sou weid rauslossa."*

Das zentrale Ereignis des Tages war die *Balmweich*. Der geweihte *Boscha* und die an ihm gewachsenen Palmkätzchen hatten das ganze Jahr über vielfältige Schutz- und Heilaufgaben zu erfüllen. So wundert es nicht, daß er besonders sorgfältig hergerichtet wurde und einen prächtigen Schmuck erhielt.

Zunächst braucht man einen Haselstekken, der schön gerade gewachsen ist und am oberen Ende eine oder zwei Gabelungen aufweist. In die Haselstaude schlägt kein Blitz, deshalb ist sie besonders geeignet. Der Stecken muß geschält sein, denn selbst in den kleinen Raum zwischen Rinde und Holz können die Hexen *neischliafa* und von dort ihr Unwesen treiben. Nur an der Stelle, wo der Stecken gehalten wird, bleibt die Rinde am Stamm, man hält ihn aber beim Tragen recht *keiff*, damit die Hex herausgedrückt wird.

Die oberen Enden umwindet man mit Weidenzweigen, an denen die Palmkätzchen schön dicht wachsen. Dazu werden Zweige von Erika, Wacholder, Buchs, Seidelbast, Eichenlaub und, wenn vorhanden, Mistel gebunden. Als

Sinnbild für die Wundmale Jesu zieren fünf rote *Bändel* die Buschen.

Der *Boscha* hatte im Bewußtsein der Menschen starke heilende und schützende Kraft. Dem Stallvieh fütterte der Bauer in einem Stück Brot versteckt geweihte Palmkätzchen. Den Kühen strich er mit dem Stecken vor dem ersten Austrieb über den Rücken, was eine erhöhte Milchproduktion hervorrufen sollte. Die Hausleute schluckten die Weidenkätzchen gegen das Halsweh. Ein Palmbüschel hing unter dem Dach um den gefürchteten Blitzschlag abzuwehren. Den neuen Palmbuschen brachten die Bauersleute am Karsamstag, wenn das alte Gebinde verbrannt worden war und seine Asche im *Hausgordda* verstreut lag, ins Haus und steckten ein paar Zweige in den Herrgottswinkel und hinter die Heiligenbilder in den Schlafkammern.

Die Osterwoche war *feirada Zeit,* nur die nötigste Arbeit in Stall und Hof wurde erledigt.

Am Gründonnerstag nach dem Glorialäuten verstummen die Glocken und fliegen nach Rom. An ihre Stelle traten die *Reedscha,* deren dumpfes Geklapper die Leute während der Grabesruhe des Herrn zum Gottesdienst und zum Englischen Gruß rief. Für die Ministranten war dies eine Zeit der Schwerarbeit. Wer einmal dem Pfarrer beim Verlesen der Passion das schwere Evangelienbuch gehalten hat, nachdem er kurz zuvor den Rekord beim Kurbeln der Ratsche gebrochen hatte, weiß, welche Energie in einem Buben stecken muß,

um die Osterfeiertage ohne Schaden zu überstehen. Dafür durften sie auch am Karsamstag zum *Oarsammla* gehen und sich bei den Bauern die Belohnung für ihre Anstrengungen in Form von Eiern abholen. Keine *Bain* ließ die Ministranten beim Ruf „*Oar raus, oder a Eck vum Haus*" unbeschenkt ziehen, allein schon deshalb, weil es sich ja herumgesprochen hätte.

Die in der Nacht zum Gründonnerstag gelegten Eier, *d' Anddloßoar,* enthielten wundersame Kräfte. Sie faulten nicht und hielten, über das Hausdach geworfen, Blitz, Hagel und Viehseuchen ab.

Zwei besonders prächtige Boscha mit ihren stolzen Besitzern

Das „heilige Grab" ist auch heute noch in vielen Kirchen an Ostern zu besichtigen

36

Der Gründonnerstag war auch der Tag an dem man sich nach einem Streit mit seinem Nachbarn wieder versöhnte. Die in der Beichte gewonnene Absolution wäre sonst wieder verfallen. Die Gottesdienste am Karfreitag waren umrahmt von Gebetsstunden, die von den Bewohnern der einzelnen Höfe in der Kirche abgehalten wurden. Die Fenster des Gotteshauses waren mit schwarzem Stoff verhängt, das Altarbild abgenommen. Im Altarraum war das Heilige Grab errichtet worden. Dieser prächtige Kulissenbau, der oft die ganze Apsis einnahm, diente zur szenischen Darstellung der Leidensgeschichte Jesu. Am Hauptaltar stand der Schrein, in dem sich das eigentliche Grab befand. Es war verhüllt mit einem Vorhang. Dieser wurde bei der Verlesung der Passion in der Karfreitagsliturgie geöffnet, so daß die Gläubigen die Christusfigur im Grab sehen konnten.

In der Osternacht – früher immer am Karsamstagabend gefeiert – schlossen sich die Vorhänge. Die Skulptur des Auferstandenen stieg mittels Aufzug und Handwinde, beleuchtet von *griachischi Fair*, aus dem Grab. Erhellt wurde das ganze Szenarium zusätzlich mit Glaskugeln voll gefärbtem Wasser, hinter denen kleine brennende Kerzen standen. Als Regisseur und Bühnenhandwerker fungierte der *Mejsmer*.

Zum *Kraizkussa*, der Verehrung des Leidens Christi durch Küssen der Wundmale, ging die gesamte Kirchengemeinde nach vorne zum Altar.

Osterbrauch war es, abends früh schla

fen zu gehen, da auch der Herr in der Ruhe lag.

Das Fast- und Abstinenzgebot vom Karfreitag galt bis zum Karsamstag mittags. Danach richteten die Burschen den Holzstoß zum *Jaudesbrenna* her. Nächtelang waren sie zuvor unterwegs gewesen, um das erforderliche Holz bei den Bauern zu stehlen. Dieses Vergehen blieb jedoch ungesühnt, nachdem sich auch die Besitzer der entführten Fichtenstangen und *Medderwargel* dem Brauchtum und der Tradition verpflichtet fühlten. So wurde der Holzstoß für das *Undderfair* aufgeschichtet, drei der längsten *Stanga* am dünnen Ende zu einem bis acht Meter hohen Dreifuß zusammengebunden und darauf das *Ouwerfair* hergerichtet. Manche Burschenschaften brachten noch eine Strohpuppe an, die den erhängten Judas darstellen sollte. In der Abenddämmerung konnte und kann man heute noch von höher gelegenen Punkten aus den *Jaudes* in allen umliegenden Dörfern brennen sehen.

Vor der Auferstehungsfeier in der Kirche weihte der Pfarrer das Osterfeuer auf dem Friedhof. Dazu kam von jedem Hof ein Mannsbild und brachte einen armdicken Ast von einer *Wölschnußbomm*, der an einer Kette hing. Bei der *Scheidderweich* schlug der Mesner mit Stahl und Stein Feuer und zündete den Holzstoß an; davon wurde das Licht für die Osterkerze genommen. Die Männer mußten zusehen, daß sie ihre *Scheidder* brennend in der Osternacht wieder nach Hause brachten. Bei schweren Gewittern während des Jahres legte die Bäuerin das geweihte Scheit auf das Herdfeuer, dessen Rauch den Blitz abhielt. Wenn der Ofen nicht mehr ordentlich brennen wollte, mußte man ihn auskehren, die Asche rückwärts vor Sonnenaufgang in ein fließendes Gewässer schütten und vor dem nächsten Anheizen einige Kohlen vom *gweichda Scheiddla* hineinlegen. So konnte die Bäuerin sicher sein, daß der Herd wieder normal ziehen und heizen würde.

Für das feierliche Hochamt am Ostersonntag holte sich jeder sein bestes *Gwand* aus dem Kasten. Wer seit Anfang des Jahres etwas Neues zum Anziehen bekommen hatte, durfte es zu diesem Gottesdienst das erste Mal an

ziehen. Wie an jedem Sonntag im Jahr zogen die Hofleute geschlossen zur Kirche. Dort wurde der Osterkorb geweiht. Er war bei allen Familien mit den gleichen Dingen gefüllt: Salz, Kren, Brot und Kuchen, der oft in Form des Osterlamms gebacken war, Kalbfleisch, ein Stück *Kraicherds*, sowie rot gefärbte, gekochte Eier, womöglich solche von der Nacht zum Gründonnerstag. Die rote Farbe der Eier geht wohl auf den germanischen Gott Donar zurück, ihm war sie geweiht und die am Donnerstag gelegten Eier wahrscheinlich ebenso.

Der *Gweichdkreddza* sollte so früh wie möglich aufgestellt werden − denn je näher dem Altar, umso stärker lag die Weihe und der Segen auf den Menschen, die den Inhalt aßen.

Freinacht zum 1. Mai: Wagenschmiere auf den Fensterscheiben

Die Haupttrudennacht des Jahres, in der die Unholde der Finsternis ihr böses Spiel ganz besonders trieben, war die Freinacht zum ersten Mai. Da mußten alle Hexen vor ihrem Meister erscheinen. Auf ihren Besen reitend fuhren sie durch den Rauchfang und begaben sich an die bekannten Sammelplätze wie die zahlreichen Teufelsküchen am Lech, an alte Richtstätten oder einsame Waldlichtungen. Dort wurden mit dem bösen Feind die Wechselbälger gezeugt, die man bei Geburten im Dorf den ehrsamen Leuten als Kinder unterschob.

Aber nicht nur die Hexen und Truden, auch die Burschen im Dorf wollten in dieser Nacht den Übermut eines ganzen Jahres loswerden. Wer am Abend vorher vergessen hatte, sein frei bewegliches Gerät in den Stadel oder in *d'Schubfa* zu räumen, mußte am nächsten Morgen seinen Besitz auf der ganzen Flur suchen. Diese Arbeit und der Spott der Nachbarn waren meistens eine Lehre, die Höfe zu diesem Datum mit peinlichster Sorgfalt aufzuräumen.

Bei den ganz unbeliebten Bewohnern, oder denen, die den Burschen während

38

des Jahres einmal Grund zum Ärger gegeben hatten, half nicht einmal die Ordnung im Hof. Sie konnten mit Gewißheit rechnen, daß ihnen am Morgen eine unliebsame Überraschung blühte. Die harmloseren „Bestrafungen solcher Missetäter" begannen mit einem *Schdroabischl* im Kamin, der am nächsten Morgen das angezündete Herdfeuer veranlaßte, den Rauch im ganzen Haus zu verteilen, und endeten mit einer dicken Schicht Wagenschmiere auf den Fensterscheiben. Bei schwereren Verfehlungen gegen die Gesetze der Dorfgemeinschaft konnte es vorkommen, daß der Bestrafte seinen Mist im Gemüsegarten oder auf dem Stall-

dach wiederfand. Das volle *Olfaß*, das seinen Inhalt beim Öffnen der Haustüre aufgrund eines sinnreichen und ausgeklügelten Mechanismus in den *Flejdz* abgab, überraschte manchen Bauern am Morgen des 1. Mai. Die umgeleitete Quelle, die auf einmal durch den Stadel floß und den gestampften Boden dort auf Wochen hinaus so aufweichte, daß man ihn nur mit Stiefeln oder barfuß betreten konnte, war ein beliebtes Mittel, mit dem Moralapostel daran erinnert wurden, daß auch sie einmal jung gewesen sind.

Anschließend an diese Streiche, die zwar Mühe, aber noch mehr Gaudi mit sich brachten, gingen die Burschen zu

In der Nacht zum ersten Mai mußte der Hof sauber aufgeräumt sein, damit die Burschen in der Freinacht nichts zum Verziacha hatten

den Kammerfenstern der Mädchen um dort Fichtenbäumchen anzubringen. Je nach Beliebtheit steckte man entweder einen *griana Maia*, geziert mit bunten Fäden und Schleckereien, oder einen *durra Maia* mit alten Putzhadern und Stoffetzen.

Waren die Spuren der Freinacht bereinigt, traf man sich auf dem Dorfplatz, um den Maibaum aufzustellen. Diesen hatte einer der größeren Holzbauern spendiert, wenn ihn nicht die Burschen in einem anderen Dorf gestohlen hatten. Über diese nächtlichen Maibaum-„Raubzüge" regte sich früher kein Mensch auf, auch wenn es ab und zu recht handfeste Raufereien unter den rivalisierenden Ortsburschenschaften gab. Einen gestohlenen Maibaum konnte man mit *am Fessla Bier und ara Broudzeid* bei jenen Burschen zurückkaufen, denen es trotz starker Bewachung gelungen war, in den Besitz eines solchen hölzernen Renommierobjekts zu gelangen.

Niemals hatte die Polizei oder der Staatsanwalt, wie das heute oft geschieht, einzugreifen und den Bestohlenen mit exekutiver Gewalt ihr Eigentum wiederzubeschaffen.

Ein ordentlicher Maibaum mußte, um den rechten Eindruck von Brauchtumsliebe und Traditionsverständnis der Dorfbewohner zu geben, mindestens 20 Meter hoch sein. Unter dieser Höhe verzichtete man besser auf einen Baum, um nicht das Gespött der Bewohner aus den Nachbargemeinden anhören zu müssen. Aufgestellt wurde dieses *Drumm* mittels *Schwalwa*, Fichtenstangen, die am oberen Ende zusammengebunden waren und den Baum solange stützten, bis er sicher in seiner Grube verkeilt stand. Danach wurde dieses Ereignis bei *Musi*, Bier und Tanz bis in die Nacht hinein gefeiert.

Bittgänge und Wettersegen für gutes Wachstum

Der Mai war für die Bauern ein guter Monat. Auf allem, was in dieser Zeit wuchs, lag ein besonderer Segen. Die Kartoffeln legte man vornehmlich zu dieser Zeit. Die Bauernregel besagt: *„Wer kuani Erdäpfl wü, der duads naus im Aprü, duasch as naus im Mai, nocher keimas gei."*

Auch für den früher öfters durchgeführten *Oderloß* war der Mai die beste Zeit. Für die Dorfbader, bei denen man sich dieser Behandlung unterziehen mußte, herrschte Hochsaison. Mancher mußte sich auch unterm Jahr zur Ader lassen, weil er sich nicht wohl fühlte. In diesen Maitagen ging man vorbeugend gegen 's Zipperla, 's Reißa, oder auch, weil man sowieso *an Beggl* hatte, zum

Bader, und zwar ausnahmslos jeder. Anschließend durfte sich der „Patient" drei Tage bei der Arbeit schonen, bis er durch gutes Essen und Trinken den Blutverlust wieder aufgeholt hatte. Diese Aufbauernährung führte nach folgendem System immer zur vollständigen Genesung: *„Am erschda Daag mäßi, am zwoadda Daag gfräßi, am dridda Daag doll und voll.*

Damit auf den Feldern immer Segen lag, trugen die Leute in dieser Zeit den Herrgott über die Fluren. Die Bittgänge im Mai, entweder Flurumgänge – bei denen die Bauern während des Rosenkranzgebetes das Wachstum des Getreides beobachten konnten – oder größere Wallfahrten nach Vilgertshofen, Pöring, Klosterlechfeld, Andechs und Maria Kappel, haben sich zum Teil bis in unsere Tage erhalten.

Gebetet wurde um günstiges Wetter, Schutz vor den vernichtenden Hagelschauern, einen reichen Ernteertrag, Gesundheit für Mensch und Vieh und den göttlichen Segen für das Dorf. An den Feldkreuzen hielt die Prozession, der Pfarrer verlas den Wettersegen und segnete die Flur.

Öfters ging anstelle des Pfarrers der Mesner mit der Gemeinde zum Flurumgang. Dabei passierte es einmal, daß diesem beim Verlesen der Flurlitanei, angesichts seines kümmerlich gewachsenen Dinkelfeldes, herausrutschte: *„Harrgodd nua, isch dar mej Fejsa schleachd"*, worauf die Bauern mit einmütiger Solidarität antworteten: „Erhöre ihn, o Herr."

An Christi Himmelfahrt konnten sich die Bauern in der Kirche vergewissern, ob ihre Ernte im folgenden Sommer dem Hagel oder einem Gewitter zum Opfer fallen, oder ob sie von diesen Schauern verschont bleiben würden: Die Figur des Auferstandenen wurde beim Gottesdienst mit einer Handwinde am Seil durch das *Heiligeischdlouch* in der Mitte der Kirchendecke nach oben gezogen, um die Himmelfahrt Christi zu versinnbildlichen. Genau in dem Moment, wenn der Kopf dieser Figur in der Öffnung verschwand, schaute der Herr in die Richtung, aus der die Sommergewitter kommen würden. Wer seinen *Droad* jedoch in anderer Richtung stehen hatte, konnte leichten Herzens nach Hause gehen und den Regenschauern und Gewittern mit Ruhe entgegensehen.

Das Brauchtum am Pfingstfest war im Lechrain nicht sehr stark ausgeprägt und hat sich völlig verloren. Wie lange ist es her, seitdem beim „veni sancte spiritus" der Heilige Geist in Form einer Holztaube von der Kirchendecke schwebte, um sich über die Gläubigen im übertragenen Sinne zu „ergießen"?

Wer weiß noch, wie die Blüten der Pfingstrosen aus der Öffnung im Kirchen-„Himmel" flatterten, feurige Zungen darstellend, um anschließend in der *Laudadda* oder in der *Goffina* gepreßt zu werden?

Schon am frühen Morgen hatten die Bewohner ihre Haustüren weit geöffnet, um dem Heiligen Geist Einkehr zu gewähren. Die als liederlich verschrienen Mädchen rissen voll Wut ihren *Pfingschdlimml* vom Fenster. Diese Strohpuppe war eine Mahnung der Burschen an die gar zu leichtfertigen *Menscher*, ihr „Nachtleben" etwas einzuschränken.

Die ganze Gemeinde war auf den Beinen, wenn an Fronleichnam der Herrgott in Glanz und Prunk durch das Dorf getragen wurde. Im Gegensatz zum Gründonnerstag, der auch der kleine *Anddloßdag* hieß, war Fronleichnam der eigentliche Antlaßtag und der erste Tag der folgenden Antlaßwoche. In ihr wurde bei regelmäßigem Besuch der Gottesdienste und der Anbetungsstunden vollständiger Ablaß aller Sünden gewährt.

Für die Prozession waren die Straßen mit frisch gemähtem Gras belegt. Viele Anlieger hatten aus verschiedenfarbigen Blütenblättern kunstvolle − aber leider vergängliche − religiöse Motive auf dem Weg ausgelegt. In den Fenstern zur Straße standen Heiligenfiguren und Kerzen, die den Fronleichnamssegen für das Haus und seine Bewohner erbaten.

Je vier Antlaßkränze wurden in jedem Haus aus Elsenbeer-, Hasel-, Buschnelken- und Feldthymianblättern gewunden und mit der Prozession durch das Dorf getragen. Diese Kränze streute der Bauer, nachdem er sie getrocknet und zerrieben hatte, auf die Felder. Er hielt damit den *Bülmesschneider* und andere Schadenbringer von seiner Flur fern.

Den Himmel, unter dem der Pfarrer mit dem Allerheiligsten schritt, trugen die Vertreter der weltlichen Gemeinde: der Bürgermeister und drei Gemeinderäte. Zwei weitere hielten den Rauchmantel des Priesters. Die Wetterkerze trug der Kirchenpfleger.

Als hoher Feiertag darf auch der Johannistag am 24. Juni nicht fehlen. Das Brauchtum dieses Tages gründet zum großen Teil in vorchristlicher Zeit. Die Sommersonnenwende nimmt im Volksglauben und -aberglauben eine wichtige Stellung ein. Während Sonnwendfeuer in unserer Zeit nur noch im Gebirge brennen, konnte man früher in allen Gegenden des Alpenvorlandes die *Siemadsfair* beobachten. Sie bannten Dämonen, die an diesem Tag besonders ungezwungen ihrem Treiben nachgehen konnten ebenso wie allerlei menschliche Krankheiten. Die jungen Burschen und *Mellin* sahen es als Mutprobe, wenn sie, solange das Feuer noch hoch brannte, mit viel Anlauf über die Flammen sprangen. Wer darüberkam, ohne daß Kleidung oder Haare versengten, der blieb im kommenden Jahr von Übel verschont. Die Mannsbilder waren gegen Fieber gefeit, die Frauenspersonen gegen unerwünschte Schwangerschaft.

Der Johannistag fällt in die Zeit der Hollerblüte. Darum gab es in allen Häusern bei dieser Gelegenheit die beliebten *Hollerkiachlin*. Hierzu nimmt man die Blütendolden mit dem *Schdingl*, taucht sie zunächst in einen Pfannkuchenteig und dann in heißes Schweineschmalz. Mit

Zucker bestreut, stellt dieses köstliche Backwerk alles bisher Gegessene in den Schatten der Bedeutungslosigkeit.

Wer den *Hollerbliah* trocknete und bei Bedarf daraus einen Tee brühte, hatte ein vorzügliches Heilmittel gegen Fieber und das *Reißa*.

An Johanni mähte der Bauer bereits vor Sonnenaufgang einen Korb voll Gras, das er im Schatten trocknen ließ. In der Christnacht, vor der Mette, gab er es dem Vieh zu fressen, das dann im ganzen Jahr gegen Zauberei und Verneiden gefeit war.

Den ersten Erntewagen besprengte die Bäuerin mit Weihwasser

Die schwere Arbeit auf den Feldern und Wiesen während des ganzen Sommers erlaubte den Menschen nicht viel Freizeit und Muße. Lange Zeit vor Sonnenaufgang zogen die Bauern mit ihren *Diaschboudda* auf die Flur und kamen oft erst mit dem Abendgebetläuten zum Hof zurück.

Nach sechzehn Stunden harter Arbeit, die den Menschen alles abverlangte, hatten die wenigsten noch Lust, zum Nachbarn *an Huagordda* zu gehen und den Schlaf zu versäumen, der ihnen für den nächsten Tag wieder Kraft gab. Auch die Bauersleute waren bemüht, ihre Mägde und Knechte bei Kräften und Laune zu halten. Am *Jaggasdag*, dem Jakobitag am 25. Juli, spendierte der Bauer seinen Leuten einen Gulden, damit sie sich die nötige *Jaggasschdärkn* für die Ernte antrinken konnten und nicht in den dichten, hohen Getreidehalmen steckenblieben. Die *Bain* kochte bei der Ankunft der *Schnieder* vom Feld besonders gut auf, denn die Arbeitsleistung bei der Ernte wurde maßgeblich von der Ernährung und der Versorgung mit Bier bestimmt.

Darum mußten zu dieser Jahreszeit die Wirte genügend Biervorrat haben. So hat ein Eglinger Wirt mitten im *Schnied* seinen *Stangareidder* nach Schmiechen schicken müssen, um in der Brauerei ein Fuder Bier abzuholen. Der Knecht war zu dieser frühen Morgenstunde noch sehr müde. Am Vortag hatte er beim Mahen auf dem Feld gearbeitet. So schlief er während der Heimfahrt auf dem Bock seines *Bruggawaga* ein. Dabei hat er nicht merken können, daß ihm eines der Fäßlein vom Wagen gekugelt und im Graben liegengeblieben ist. Erst daheim beim Abladen hat er den Verlust bemerkt. Also mußte er sich wieder auf den Rückweg machen, diesmal zu Fuß, und am Wegrand das verlorene Bierfaß suchen. Er hat es auch gefunden. Es lag in einem stehenden Getreidefeld, fast leer, daneben ein Handwerksbursch, schlafend, einen Nagel-

bohrer in der Hand und einen Stroh-
halm im Mund. Der Mann hatte seinen
Riesendurst bei dieser günstigen Gelegenheit ausgiebig gelöscht.
Bevor der erste Wagen zur Ernte aus-
fuhr, mußte die Bäuerin das Fuhrwerk,
das Werkzeug und die Leute mit *Weichbrunna* besprengen und in die Tenne
einige Palmzweige legen, sonst lag auf
dem *Schnied* kein rechter Segen.
Der Portiunkulatag am 6. August war
im unteren Lechrain ein Feiertag, an
dem man zur Ablaßgewinnung ins
Lechfeld fuhr. Wagenladungen mit
Schmalz, Butter, Eiern und Braugerste
transportierten die Bauern ins dortige
Kloster. Die Mönche entschädigten sie
mit einem ausgiebigen Mittagessen,
Ablaßkreuzen, *gweichddi Boodder* und
Heiligenbildern. Auch am selbstgebrau-
ten Lechfelder Klosterbier konnten sich
die Gläubigen gütlich tun und trinken
soviel sie wollten.
Die Zeit zwischen Maria Himmelfahrt
und dem Kreuzerhöhungstag am 14.
September hieß Frauendreißigst. Da
hatten die Wurzeln und Heilkräuter die
meiste Kraft und Heilwirkung, weshalb
sie in diesem Zeitraum von den Leuten,
die sich mit Naturheilkunde beschäftigten, eingesammelt wurden. Die Blumen
zeigten sich in ihrer üppigsten Schönheit, was der Volksglaube ihrer Verehrung für die Gottesmutter zuschrieb.
Am Festtag Maria Himmelfahrt, 15. August, weihte der *Heara* beim Gottesdienst die Kräuterbüschel, die *Sanga*.
Um die *Wejdderkorza*, die Himmelsker-

ze, in der Mitte des Straußes, ordnete
die Bäuerin die verschiedensten Kräuter
und Blumen wie Wollkraut, Mooskol-
ben, Bibernell, Frauenkraut, Glocken-
blumen, Teufelsabbiß, wilden Kümmel,
Waldminze, Weihraute, die Wurzel der
Wetterdistel, Liebstöckel und Farnblät-
ter. Nach der Segnung hing sie der Bauer auf den Dachboden, denn diese
Kräuter und Feldblumen galten als besonders wetterabweisend. In den Rauh-
nächten verbrannte man sie und räu-
cherte mit ihnen den Stall aus.
In die Zeit des Frauendreißigst fällt meistens auch das Ende der Ernte. In den
Dörfern am Lech wurde es mit dem
Hahnad, dem Schnitthahn, gefeiert.
Wahrscheinlich kommt der Name vom
Korngeist, der in Gestalt eines Hahnes
in den Getreidefeldern haust und für
Wachstum und Fruchtbarkeit sorgt.
Die ständigen Dienstboten ebenso wie
die *Schniedder* wurden vom Bauern und
seiner Frau ausgespeist als Belohnung
für die geleistete Arbeit. Die Schnitter
erhielten ihren Lohn, eigene *Eahaldda*
bekamen ein zusätzliches *Schniedgöd*.
Anschließend wurde getanzt und ge-
sungen bis in die Nacht.
Wenn die letzte Fuhre *Hawer* im Stadel
war, ging es bei den Bauern auf den
Kartoffelacker. Kartoffeln dienten in der
Hauptsache zur Selbstversorgung des
Betriebes und waren neben den verschiedenen Getreidesorten die Haupt-
nahrungsquelle der Menschen.
Bevor der Winter ins Land zog, erntete
der Bauer als letztes *d'Sauriab*.

Kirchweih: Burschen ohne Tänzerin trugen Brennesseln am Hut

Im Jahr 1855 verbot die Regierung des Königreichs Bayern die Abhaltung der Kirchweihen am althergebrachten Termin, der von Dorf zu Dorf verschieden war. Statt dessen richteten die Herren in München den neunzehnten Sonntag nach Pfingsten als einheitlichen Termin für alle Kirchweihen in Bayern ein. Dieser Festlegung wurde jedoch nur sehr zögernd Folge geleistet. In vielen Ortschaften feierten die Leute weiter ihre althergebrachten Kirchtage und betrachteten den zentralen Termin nur als zusätzlichen Feiertag. Erst gegen die

Jahrhundertwende hatte sich die staatlich verordnete Kirchweih einigermaßen durchgesetzt.

Im Lechrain war *Kurchdda* das ausgelassenste und fröhlichste Fest des ganzen Jahres.

Am *Kurchdsamsda* hing der Mesner zur Mittagsstunde den *Zachäus*, die Kirchweihfahne, aus dem obersten Schalloch im Kirchturm um den Leuten den Beginn des Festes zu signalisieren. Diese Fahne hat ihren Namen von dem biblischen Zöllner, der, um unseren Herrn Jesus zu sehen, auf einen

An Kirchweih feierten die Hofleute ausgiebig

Feigenbaum stieg. Dabei platzte Zachäus die Hose, die von rotem Stoff war, und der weiße *Hemmadzipfel* schaute heraus. Genauso rot-weiß ist auch die Kirchweihfahne.

Meist schon am Freitag früh hatte die Bäuerin angefangen, die nötige Menge Schmalzgebäck herzustellen, um die erwartete Verwandtschaft, *Gfaderslaid* und Nachbarschaft in geziemendem Maße bewirten zu können. Da entstanden *Apfelkiachlin, Hasaoara, Zwedschganoul,* und *Halgwachsigi* zu Hunderten, denn an *Kurchdda* gab man den Leuten das Essen nicht vor wie im ganzen Jahr. Jeder durfte sich nehmen, soviel sein Magen vertragen konnte.

Überhaupt war der Kirchweihsonntag einer der recht seltenen Fleischtage im Jahr. Da bogen sich die Tische vor Braten und Räucherfleisch. Die Dienstboten nutzten diese Gelegenheit ausgiebig. Bei vielen Höfen war es deshalb nötig, daß an *Kieranachd*, dem Kirchweihsamstag, der Hausmetzger extra eine *Kurchddasau* schlachtete.

Heutzutage kann man in einigen Dörfern feststellen, daß die Bräuche zur Kirchweih noch lange nicht ausgestorben sind. Vielerorts sitzen junge Mädchen auf der *Kurchddaschuura* und lassen sich von den Burschen unter Geschrei und Gelächter bis knapp unters Stadeldach schaukeln. Der *Drieb*, aus einem Wagenrad und einer Leiter zusammengebaut, läuft den ganzen Nachmittag.

Der Gottesdienst am *Kurchdmeita* war ein Seelenamt für die Verstorbenen aus der Verwandtschaft und dem Freundeskreis. Dabei opferten die Bauern den Altarlaib, das *Kurchddabroud*.

Am Nachmittag fand der *Bejldanz* statt. Die ledigen Burschen hatten schon wochenlang vorher nach einer geeigneten *Bejldänzerin* ausgeschaut, denn nur Paare wurden zu diesem Ereignis zugelassen. Mit der *Musi* marschierten sie durch das Dorf, wobei jeder junge Mann seine Tänzerin am Haus abholte. Hinterdrein liefen die *Pfriadler*, die keine Partnerin erwischt hatten. Sie trugen als Zeichen ihres Standes Brennesseln am Hut.

Beim Wirt mußten am Nachmittag die *Weisbüder* ihre Tänzer freihalten. Aus einigen Ortschaften ist sogar verbürgt, daß das Mädchen seinem *Bejldänzer* ein *Hemmad* zu überreichen hatte.

Der Simonstag ist der Lostag, an dem für die Landwirtschaft der Winter begann. Danach wird das Wetter meist rauh und kalt. Zu diesem Datum war bereits alles geerntet. Auf den Höfen begann man sich für die Winterarbeit einzurichten. Lange Zeit war der Bauer und sein Gesinde noch mit dem Ausdreschen des Getreides beschäftigt. Bevor gegen Ende des letzten Jahrhunderts die ersten Dreschmaschinen auf den Dörfern auftauchten, hatten alle Arbeitskräfte eines Hofes oft bis Anfang Februar auf der Tenne zu tun.

Bis zum Fest Heilig-Drei-König war die große Zeit der *Hujamänndlin*, der *Holzweiblin* und vom *wüda Gjäg*. Sie geisterten besonders gerne und besonders laut durch die Nächte.

Tiefer Volksglaube prägte Allerheiligen und Allerseelen

Der eigentlich bedeutsame Tag dieses Festes war der Allerseelentag. An Allerheiligen schmückte man die Gräber der Familie und betete mehrere Seelenrosenkränze für die aus dem Hof verstorbenen armen Seelen. Am Abend besuchten die Gläubigen den Gottesdienst und opferten die *Sealazöpflin* und den *Sealnapf* mit Mehl. Diese Gaben durfte der Mesner mit heimnehmen.

Die Nacht von Allerheiligen auf Allerseelen war im Volksglauben eine Freinacht für die Waldgeister. Ihr Spuk und unheimliches Treiben in dieser Nacht waren überall gefürchtet. Am nächsten Tag enthielten sich alle Dorfbewohner der Arbeit, jedes laute Lachen und Reden unterblieb. Man wollte die armen Seelen nicht bei ihrer Suche nach dem Frieden stören. Die Brösel vom Mittagstisch wurden ihnen als Nahrung in das Herdfeuer geworfen. Den Armen im Dorf gab die Bäuerin den *Sealawegga*, weil sie meinte, damit auch etwas für ihre verstorbenen Angehörigen zu tun. Abends fanden sich die Hausbewohner ner wieder zusammen, beteten einige Seelenrosenkränze, die Allerheiligenlitanei und eine Reihe von Vaterunsern für die armen Seelen.

Die Blumen, mit denen die Gräber das ganze Jahr geschmückt waren, mußten oft gegossen werden, damit sie schön aussahen. Manche Angehörige nahmen dazu einfach das im *Voarzoacha* bereitstehende Weihwasser her. Einem Mesner paßte dies nicht, und er überwachte den Gottesacker ein wenig. Er mußte gar nicht lange warten, da sah er, wie ein älteres Fräulein, die Botenurschel, mit einem Kübel voll *Weichbrunna* über den Friedhof *harpfde*. Der Mesner rief sie laut an. Da packte die Urschl den Kübel, schüttete das Weihwasser in Strömen nach links und rechts auf die Gräber und schrie dazu: *„Drinkts, drinkts, ejs armi Seala, o wenn's enk der geizi Mejsmer idd vargunndd."*

Das Jahr geht auswärts — „Kathrein stellt den Tanz ein!"

Mit dem Kathreinstag wurden die Tanzveranstaltungen beendet, denn: *„Kaddrei schdelld der Danz ei."* Am 25. November war es die Aufgabe der Müller, das Räderwerk zu stellen, da sonst in der Mühle ein Unglück passieren würde.

Mit dem Beginn der Winterzeit zogen die Frauen in die *Rockastuwa* zum Spinnen. Diese Zusammenkünfte wurden oft von Staats wegen verboten, überlebten aber trotzdem bis zum Anfang des 20. Jahrhunderts. Nach Ansicht der Obrigkeit förderte die Geschichtenerzählerei den Gespenster- und Geisterglauben und widersprach daher den Prinzipien der Aufklärung.

Ebenfalls verboten aber trotzdem gehalten war die Sitte des *Kloosaganga*. Am Nikolaustag, dem 6. Dezember, trieben sich die Burschen in furchterregender Verkleidung, mit Ketten und Säcken ausgerüstet, auf den Straßen herum, verscheuchten jeden, der es wagte, sich blicken zu lassen.

Das erste Engelamt der Vorweihnachtszeit hielt der Pfarrer an Maria Empfängnis, dem 8. Dezember. Schon um fünf Uhr in der Früh begann dieser besonders feierliche Gottesdienst, zu dem die Gläubigen mit ihren schön verzierten Wachsstöcken erschienen. Der ganze Kirchenraum glänzte im Schein unzähliger Kerzen und Lichter. Wer eine Roratemesse bestellte, wußte, welche Anforderungen an die Ausschmückung des Gotteshauses gestellt wurden.

Knepflasnachd war zu früheren Zeiten jeder Donnerstag im Advent. An diesen Tagen liefen alle Kinder, auch die der reicheren Bauern, im Dorf umher und bettelten in den Häusern um *a Gab*. Meist erhielten sie Schmalzgebäck oder bei ärmeren Bewohnern ein Stück Zopf. Die mehrstrophigen Knöpflesnachtverse sind heute alle vergessen. In den Dörfern ist mancher Bauer froh, wenn überhaupt noch Kinder ins Haus kommen und schreien: *„Hejd isch heilas Knepflasnachd, wer nix gibb, der isch id brav."*

Wenn ein Mädchen unbedingt wissen wollte, welcher Bursch sie zum Traualtar führt, hatte sie in den Wunschnächten zu *Andrä*, 30. November, und Thomas, 21. Dezember, Gelegenheit, dies zu erfahren. Sehr beliebt war dabei die Methode des Bettschemeltretens: Vor dem abendlichen Zubettgehen stellten die Jungfrauen einen kleinen Fußschemel vor das Bett und murmelten den Spruch:

„Bettstaffel, ich tritt dich, heiliger Thomas ich bitt dich, sag mir schnell und steh mir bei, wer denn mein Geliebter sei."

Daraufhin wurde der Schemel mit dem Fuß weggestoßen. Das wißbegierige Mädchen versuchte schnell einzuschlafen, weil es im Traum ihren Bräutigam zu sehen bekam.

Auch die Frage nach dem zukünftigen Dienstplatz wurde in diesen Nächten beantwortet. Dazu mußte die Magd um die mitternächtliche Stunde in den Obstgarten gehen, einen dünnen *Kriachbomm* schütteln und dabei rufen: *„Doumas, i bidd di, Bemmla i schiddl di, Hundla etz bell, wo na muaß i an d'Stell".* Die Himmelsrichtung, in der daraufhin ein Hund bellte, war auch die des nächsten Dienstplatzes.

Vor der Mette vergrub der Bauer einen Schüppel Heu

Der Heiligabend war im Gegensatz zu heute ein strenger Fast- und Abstinenztag. Zum Essen gab es nach Einbruch der Dunkelheit ein kaltes Mahl aus Käse, Brot und Bier.

Bei der Stallarbeit durfte an diesem Abend kein Wort fallen, damit die guten Geister nicht daraus verscheucht wurden. Vor der Mette mußte der Bauer noch einen *Schibbl* Heu in seinen Misthaufen eingraben. Nach den drei heiligen Messen an Weihnachten durfte er es wieder ausgraben und dem Vieh zu fressen geben. Der Stall war damit vor Viehseuchen im kommenden Jahr geschützt.

Einige Körner vom letztjährigen Weizen nahm der Bauer in der Joppentasche mit zur Mette. Nach dem Gottesdienst streute er sie auf den Stallboden, damit die Schwalben im Frühjahr wieder hereinkamen und damit das Glück in den Stall trugen.

In der Mette konnte derjenige die Hexen des Dorfes erkennen, der auf einem Schemel aus neunerlei Holz mit dem Rücken zum Altar saß. Am besten streute er sich dazu noch von einem frischen Grab etwas *Koad* auf den Kopf, dieses machte ihn für die Hexen unsichtbar. Ohne die Tarnung mit Graberde war das Risiko, auf dem Nachhauseweg von den Hexen überfallen zu werden, groß.

Nach der Mette gab es daheim ein festliches Essen mit Braten, Knödel und Bier.

Erst danach ging man zu Bett, um sich für den Weihnachtstag mit seinen anstrengenden Festlichkeiten vorzubereiten.

Die größeren Bauern hatten für Weihnachten immer eine *Meddasau* schlachten lassen, deren Verzehr über die Feiertage den immer hungrigen Dienstboten keinerlei Schwierigkeiten bereitete. Nach jedem Gottesdienst, das waren am Weihnachtstag immerhin drei und am *Steffasdaag* noch einmal zwei, gab es ein großes Mahl mit *Bluad- und Lejwerwirschd*, *Broddigs* und *Gsouddigs*, *Voaressa*, *Kneachalasülz* und Bier in Mengen.

Die *Kluahaisler*, Söldner und Kleinbauern, für die es sich nicht lohnte, eine ganze Sau zu schlachten und sich dies auch nicht leisten konnten, schlachteten zusammen eine Kuh. Das meist minderwertige Rindvieh ernährte über Weihnachten bis zu zehn Familien und lieferte obendrein noch Talg für ein ganzes Jahr.

Am Stefanustag fuhr die ganze Familie in die nächste Stadt oder in einen nahegelegenen Marktflecken zum *Kribblaschauga*. Die Sitte des Krippenaufrichtens war in früherer Zeit in den Dörfern nicht bekannt. Dafür waren die in den Kirchen der größeren Orte wie Dießen, Mering, Schongau und Landsberg aufgestellten Weihnachtskrippen um so prächtiger und galten als Erlebnis ersten Ranges, vor allem für die Kinder. Während der ganzen Weihnachtsfeiertage hatte die Bäuerin immer einen Laib *Biirabroud* bereitliegen, damit jeder, der ins Haus kam, ein Stück als Gastgeschenk mitnehmen konnte.

Der 27. Dezember, der Feiertag des heiligen Johannes Evangelist, sah wiederum die ganze Gemeinde in der Kirche. An diesem Tag wurde beim Gottesdienst der Johannessegen erteilt. Der Pfarrer weihte den Wein, der anschließend den Gläubigen zu trinken gereicht wurde. Auch bei den Hochzeiten des folgenden Jahres schenkte der Priester ihn als *Johannisliab* an die Brautpaare und die Hochzeitsgäste aus.

So schloß sich das Jahr mit dem Tag des heiligen Silvester, um erst an Heilig-Drei-König wieder neu zu beginnen. Dazwischen war die *Zwölferzeid*, in der die bösen Mächte, aber auch die guten Geister besonders starken Einfluß auf Menschen und Vieh ausübten. In dieser Zeit wurde kein Gericht gehalten, jeder Streit ruhte und den Armen gab man reichlicher als sonst im Jahr. Der Grund hierfür war der Glaube, daß an diesen Tagen die Verstorbenen auf die Erde kommen konnten und den Lebenden auf die Finger sahen, ob sie einen gottgefälligen Lebenswandel führten.

Brauchtum hatte ordnende Funktion im Dorfleben

Der größte Teil des hier beschriebenen Brauchtums ist heute ausgestorben. Mit dem Abkommen von Sitten und Gebräuchen verlieren sich auch Ausdrücke und Wörter, die früher ganz selbstverständlich zum allgemeinen Sprachgebrauch gehörten. Die aufgeklärten Menschen unseres Jahrhunderts glauben nicht mehr an Hexen und Geister, deshalb benötigen sie auch den dazugehörigen Wortschatz nicht mehr. *Druda* und *Hujamänndlin* haben, sicherlich nicht zum Nachteil der Leute, keinen Einfluß mehr. Die unbegründete Angst vor nächtlichen Wesen und Geistern ist verschwunden. Niemand wird einer Zeit nachtrauern, in der christlicher Glaube wesentlich von der Furcht vor ewiger Verdammnis geprägt war, und in der die Gemeinschaft jeden ausschloß, der sich nicht an ihre Regeln hielt.

Und doch scheint dem heutigen, aufgeklärten Menschen diese mystische, übernatürliche Welt zu fehlen. Der Zulauf zu Sekten, Gesundbetern und Wahrsagern deutet sehr darauf hin. Auch sollte neben den weniger erfreulichen Auswirkungen des ländlichen Aber- und Wunderglaubens jener Zeit eines nicht vergessen werden: Alle Bräuche, Ängste und Konventionen hatten eine ordnende Funktion im Dorfleben und gaben den Leuten eine gewisse Sicherheit im Umgang mit sich und ihren Mitmenschen.

Geburt · Hochzeit · Tod

Diese herausragenden Ereignisse im Leben der Menschen haben in der neueren Zeit ihr Gesicht grundlegend verändert. Ältere Leute erzählen beim *Huagordda*, wie stark der Mensch noch vor 70 Jahren in allen seinen Lebensphasen in die bäuerliche Familie und das dörfliche Gemeinwesen eingebunden war. Wie das Brauchtum im Jahreslauf, so begleiteten Sitten und Bräuche das Leben der Menschen, bestimmten Form und Inhalt ihres Daseins.

Silberner Frauentaler sollte Schmerzen lindern

Je mehr Kinder sich in einer Ehe einstellten, umso größer war die Freude der Eltern und deren Ansehen bei den Nachbarn. Zufrieden waren die Bauersleute erst, wenn ihre Ehe genauso fruchtbar war wie das Ackerland. Die Kinder in einer Ehe waren der Segen Gottes, der auf ihrer Verbindung lag. Mancher Hof, aber auch viele Kleinhäusleranwesen, waren auf diese Art dutzendfach gesegnet. Darum gaben sich die Frauen besondere Mühe, in die Hoffnung zu kommen. Unfruchtbarkeit war eine Schmach, die immer als Schuld der Ehefrau angesehen wurde. Darum ist es verständlich, wenn eine so geschlagene Bäuerin Zuflucht zu allen christlichen und heidnischen Mitteln nahm, um der Kinderlosigkeit ein Ende zu bereiten. Sehr viel Vertrauen setzte man in das Gebet zur heiligen Mutter Anna, die ja auch in späten Jahren gesegneten Leibes wurde und deshalb einiges durch ihre *Fierschbroch* erreichen konnte. Als ebenfalls wirksame Mittel, um in andere Umstände zu kommen, waren aus Wachs geformte oder aus Eisen gegossene *Brouza* sehr beliebt. Schon die Germanen kannten die wegen ihrer phänomenalen Fruchtbarkeit als Zaubermittel angewendeten Kröten. Manche Ehepaare nahmen ein fremdes Kind an Kindesstatt an, um sich durch diese gute Tat eigenen Kindersegen zu erbitten. Wenn eine Frau schwanger geworden war, mußte sie sich an vielerlei Regeln halten, um alles Schädliche von dem werdenden Kind fernzuhalten: Sie durfte nichts Häßliches oder Mißgestaltetes ansehen, weil sich dies direkt an ihrer Leibesfrucht abbilden und das Kind ebenfalls häßlich zur Welt kommen würde. Wenn sie in der Zeit ihrer Schwangerschaft ein Spinnrad trat, dann drehte sie ihrem Kleinen einen Strick. Wenn sie mit Wagenschmiere in Berührung kam, wurde die Haut des Kindes dunkel. Auch mußte sie immer einen silbernen Taler bei sich tragen, am besten einen Frauentaler, dessen heilsame Wirkung die Schmerzen der Geburt lindern würde.

Manche Frauen versuchten mit allerlei Mitteln, das Geschlecht ihres Kindes zu bestimmen: Wenn ihr beim Kochen die *Bounza* ohne ersichtlichen Grund zusammenfielen, galt als sicher, daß sie ein *Mella* erwartete. Wenn sie sehr viel Sodbrennen verspürte, lagen die langen Haare eines Mädchens auf dem Magen. Ein *Bua* dagegen verursachte starken Juckreiz an den Waden oder starkes Verlangen der Mutter nach sauren Speisen.

Wenn die Zeit der Niederkunft nahte, mußte die Mutter ein geweihtes Medaillon um den Hals tragen, um Hexen und Truden fernzuhalten. Diese hatten ein starkes Interesse an jedem Neugeborenen und vertauschten sie gerne mit ih-

Reicher Kindersegen war wichtig für den Fortbestand eines Bauerngeschlechts

ren eigenen Wechselbälgern, die sie in der Walpurgisnacht mit dem *beasa Feind* gezeugt hatten.

Auch der wohlbekannte *Drudafuaß*, aus einem Stück des roten Wachsstockes vom Lichtmeßtag gefertigt und an den Türstock genagelt, half recht wirksam gegen böse Einflüsse während der Zeit der Geburt.

Die Gefährdung des Kindes an Leib und Seele dauerte so lange, bis es mit der Taufe den Schutz des Herrgotts vor allen finsteren Machenschaften erhalten hatte. Solange mußte in der Kammer der Wöchnerin während der Nacht eine Kommunionkerze brennen, durfte der Kindsvater nicht im gleichen Raum schlafen und die Mutter ihr Kind nicht küssen.

Über alle diese Regeln wachte die *Hejfam* mit eiserner Strenge. Sie paßte auf, daß während des Wochenbettes aus dem Haus nichts geliehen wurde, weil für alles, was aus dem Haus ging, etwas schlechtes herein konnte. Sie setzte der Mutter, wenn sie vor die Haustüre trat, den Hut des Ehemannes auf, damit die Verneiderinnen sie nicht erkannten. In den ersten drei Tagen nach der Entbindung wurde niemand zur Wöchnerin vorgelassen. Es hätte sich ja eine Trud unter die Besucher mischen können.

Der erste Ausgang der Kindsmutter führte in die Kirche zum *fierschi ganga*. Die Mutter eines Neugeborenen galt als unrein und mußte, um wieder in die Gemeinschaft der Gläubigen aufgenommen zu werden, den Segen der Kirche erhalten. Diese Segnung führte der Pfarrer in den meisten Fällen vor einem Gottesdienst durch. Dabei mußte die Wöchnerin unter Gebeten von der Kirchentüre zum Altar gehen und eine brennende Kerze in der Hand halten. Der Pfarrer besprengte sie mit Weihwasser und sprach die Segensgebete. Erst dann durfte die Mutter wieder an den Gottesdiensten teilnehmen. Diese Vorsegnung fand mit Vorliebe in Frauenkirchen oder an Frauenaltären statt.

Ledige Kinder erhielten ihren Namen vom Pfarrer

Nachdem die Eltern sicher waren, daß ein Kind unterwegs war, gingen sie zu einem befreundeten Ehepaar zum *Gfaderbidda*. Sie gewannen damit den Taufpaten für dieses und für alle eventuell noch folgenden Kinder. Sie verpflichteten sich damit auch, den Kindern ihrer *Gfadersleid* als Taufpaten zur Verfügung zu stehen.

Als *Doudla* oder *Dejd* hatte man einen wichtigen Platz in der Familie seiner Taufkinder eingenommen. Wer in ein solches Amt gebeten wurde, betrachtete dies als Ehre und Zeichen besonderen Vertrauens. Alle Familienangelegenheiten wurden nur in Anwesenheit der Taufpaten besprochen. Sie hatten ein Mitspracherecht bei der Auswahl des späteren Dienstplatzes oder der Lehrstelle, sie waren mitverantwortlich für die religiöse Erziehung ihres Täuflings und sie übernahmen beim Tod der Eltern die Vormundschaft und die Stelle von Vater und Mutter.

Zur Taufe erschienen in der Kirche nur der Taufpate und die Hebamme. Dem Kind hatte die Mutter zuvor das Taufhemd mit rosaroten Schleifen für ein Mädchen, blauen für einen Buben geziert und den vom Paten geschenkten Taler hineingenäht.

Der Name des Kindes wurde aus der Verwandtschaft oder aus Freundschaften der Eltern gewählt. Beliebt waren auch Namen der Kirchen- und Kapellenpatrone oder der Hausheiligen, die am jeweiligen Hof besonders verehrt wurden. Heilige, die mit dem Lechrain besonders verbunden waren, erscheinen recht häufig als Namenspatrone: Der heilige Rasso, dessen Gebeine heute in der Rasso-Kirche in Grafrath beigesetzt sind, die heilige Kunigunde in Dießen, am selben Ort die heilige Mechtildis, die heilige Elisabeth, Landgräfin von Thüringen, die aus dem Geschlecht der Andechser stammte und die Bistumspatrone Ulrich und Afra.

Die Namengebung war Angelegenheit der Eltern. Nur die ledigen Kinder erhielten ihren Namen vom Pfarrer, der ihn oft wahllos aus dem Heiligenkalender auswählte. Diese Bedauernswerten trugen die Schande ihrer Unehelichkeit

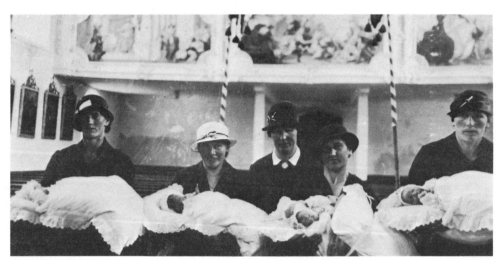

Nur die Taufpatinnen und die Hebamme begleiteten die Täuflinge zur Kirche

ein Leben lang in Form eines Namens wie Thrasibul, Pantaleon, Bibiana oder Scholastika.

Anschließend an die Taufe hielt man im Elternhaus das *Kindlamohl* ab. Noch heute erzählen die Frauen, mit welch neidvollen Gefühlen sie bei dieser Gelegenheit im Bett lagen. In der Stube wurde *Broddigs* und *Gsouddigs* aufgetragen. Der Vater, die Verwandtschaft und die Paten tranken den eigentlich der Wöchnerin zustehenden *Weisatwein*, während sie, die Anstrengung und Schmerzen auszustehen hatte, mit Haferschleim und *Griasmuas* vorliebnehmen mußte.

Zum *Weisa* kamen die Nachbarinnen mit Eiern, Semmeln oder *Bacherlin* für den *Diddl*, Wein und Met. Dieser Brauch gründet sich auf die Geschenke, die die Heiligen Drei Könige dem neugeborenen Jesus an die Krippe gebracht haben und soll der Mutter zu einer baldigen Kräftigung und dem Kind zu einer schnellen Entwicklung verhelfen.

Der „Diezl" war mit Schwarzbrot und Zucker gefüllt

Mütter konnten sich nach der Geburt nicht lange schonen. Die Arbeit im Haus oder auf dem Feld ging weiter. Frauen waren Arbeitskräfte, die man nicht lange entbehren wollte. Nachdem die Kleinkinder fast nie gestillt wurden, konnte bald eine *Kinsmagg* die Mutter während des Tages vertreten. In den meisten Fällen war dies ein kleines Mädchen aus der Nachbarschaft, das die Aufgabe des Kinderhütens übernahm und auf den Nachwuchs aufpaßte. Später setzte man auch die älteren Geschwister dafür ein.

Wenn sich der Hunger lautstark meldete, gab man den Kleinen ein *Muas* aus Mehl und Milch zu essen, dazwischen hatten sie Tag und Nacht den *Diddl* im Mund. Der *Diddl* war ein einfaches Stoffsäckchen, gefüllt mit Schwarzbrot und Zucker, den die Kinder mit Hingabe kauten und auslutschten, bis jeder Geschmack verschwunden war.

Schon von klein auf wurden die Kinder an die Bauernarbeit gewöhnt. Wenn die Bäuerin zum *Oar anejma* ging, liefen die kleinen Mädchen mit dem *Kreddsa* hinterher, um die Eier ins Haus zu bringen.

Die Buben halfen beim Kälberfüttern, Viehaustreiben und *Gsoudschneida*. So lernten sie die Landwirtschaft, die ihnen später einmal Brot und Arbeit liefern sollte, von Grund auf kennen. Außerdem waren die Kinder kleinerer Bauern in der Lage, später einmal die Dienstboten, die bezahlt werden mußten, zu ersetzen. Wer viele Kinder hatte, konnte seinen Hof ganz ohne Ehalten *umdreiwa*.

*Viehhüten war eine der Hauptaufgaben
von Kindern*

*Die Buben verdienten sich durchs
Kegelaufstellen ein paar Pfennige*

Oft paßte das Ejla auf die Kinder auf

S' Lejchruanr Biawla

Bua, Boara semmr, hod s Ejla gsejd,
d'Schwoowa fanga easchd iwern Lejch dennd a.
Sou isch ba ins scha alwl gwejsa,
seid daß dr Harrgodd d'Wööd erschaffa hod.

Ejla, dejs glouwi wöll, hod s Biawla gsejd,
Sauboara haawas ins oufd scha ghoaßa, d'Schwoowa,
bal mrs dretzd und gschbejddld haawa:
„Schwebla magsch koi Zwieblassubb"!

Ejla, frogg dr Bua awr weiddr, wiasou kimmbs,
daß d'Boara z Brugg und z Mingka dinn
ins o als Schwoowa schimfa,
bal mr rejda wia ba ins drhua?

Mei liawr Bua, hoddn s Ejla dreaschd,
dejs isch a gschbessiga Gschiachd.
Kraad d Unddrländar sens, dej Möüddl,
dej wou ins als Schwoowa arg varschbejddla!

Awer Biawla, loß dr dejs idd zucka, mork dr:
Mi schweewla idd und diana o idd möüddla.
Mi rejda ganz an eigana Schbrooch
am Lejchrua, do wou insr Huamad isch.

Aussteuer, Bargeld und eine Kuh als Heiratsgut

Wer in früherer Zeit heiraten wollte, mußte Grundbesitz vorweisen können. Erst wenn einem Brautpaar durch Hofübergabe, Erbschaft oder Einheirat ein Anwesen oder zumindest ein Haus gehörte, konnten die zwei sich trauen lassen. So manches junge Paar wartete sehnsüchtig darauf, daß der Bauer endlich übergeben und ihnen das *Hausa* überlassen würde.

Wenn beim Notar in der Stadt der Hof offiziell mit Protokoll, Überschreibungsurkunde und Festlegung des *Ausdrags* an die Jungen übergeben war, konnten die beiden zum Pfarrer gehen, ihren *Verschbruch* mitteilen und ihn um die Verkündigung in der Kirche bitten.

Der hochwürdige Herr bestellte die zukünftigen Eheleute später noch einmal zu sich, um bei diesem *Schdualfeschd* ihre Kenntnisse in Bibel und *Kaddakisimus* zu prüfen. Dabei unterwies er sie in den Pflichten eines rechtschaffenen Ehepaares und gab gute Ratschläge für ihren gemeinsamen Lebensweg.

Mit der Erlaubnis von staatlicher und kirchlicher Seite in der Tasche gingen die Brautleute daran, ihren Hochzeitstag zu richten. Dabei ging ihnen der *Hoazadlader* mit seiner langjährigen Erfahrung und bekannten Umsicht hilfreich zur Hand. Er war es, der zur Verwandtschaft, zu allen guten Bekannten und Freunden ging und diesen mitteilte, daß „der ehr- und tugendsame Jüngling . . . und die ehr- und tugendreiche Jungfrau . . . sich in ein eheliches Verbündnis eingelassen haben, wozu am

Mit dem Leiterwagen fuhr man die Fertigung der Braut in ihr neues Zuhause

soundsovielten dieses Monats die priesterliche Kopulation vorgenommen wird und nach derselben bei dem ehrengeachteten . . ., Wirt und Gastgeber dortselbst, das Hochzeitsmahl gegeben wird und ihr hierzu höflichst inventiert und eingeladen seid".

Zu den Hochzeitsvorbereitungen gehörte auch, daß Brautpaar, Hochzeitslader und Eltern beim Wirt zum *Andinga* erschienen, um die Speisenfolge, Höhe des Mahlgeldes und den Lohn für die Musik festzulegen. Dabei ließ sich der Wirt nicht lumpen und gab den Anwesenden einen kleinen Vorgeschmack auf die zu erwartenden kulinarischen Hochzeitsgenüsse.

Einige Tage vor der Hochzeit fuhr die Braut mit dem *Kuchawaga* in ihre neue Heimat. Alles, was ihr die Eltern mitgaben in ihre Ehe, wurde damit zum Hof des Bräutigams gefahren. Dort stellte der Schreiner, der die Möbel gefertigt

hatte, und die *Neen*, von deren Hand alle Wäsche und Kleidung stammte, die gesamte *Forddigung* auf, damit Nachbarn und Hochzeitsgäste zum *Beggwandschauga* kommen konnten. Stolz führten die Eltern der Braut vor, was ihre Tochter alles mitgebracht hatte: Eine massive Bettstatt, den kunstvoll verzierten *Gwandkaschda*, eine *Weschdrucha*, die Wiege für den Nachwuchs, die Gungel, dutzendfach Bett- und Tischwäsche und Kleidung. Wie wichtig diese Ausstellung des Reichtums einer Braut damals war, kann aus der Tatsache ermessen werden, daß Ehefrauen auch im hohen Alter noch aufzählen konnten, wie ihre Aussteuer beschaffen war. Zu all dieser Einrichtung gab der Brautvater noch eine entsprechende Summe Bargeld und eine Kuh als *Heiradsguat*. Niemand sollte behaupten können, er habe seine Tochter wie ein *Kluahaisler* ausgeheiratet.

Das junge Ehepaar mußte sich den Heimweg freikaufen

Geheiratet wurde im Lechrain immer wochentags, vorzugsweise am *Mejdda* oder am *Afdermejdda*. Die Schulkameraden des Bräutigams holten die Braut am frühen Morgen an ihrem Elternhaus ab. Zuvor hatte sie unter dem Haustürstock den Segen der Eltern empfangen, während die weitere Verwandtschaft in der Stube ein Gebet für die aus dem Haus

gehende Tochter sprach. Dann setzten die Burschen sie in die *Braudschees* und begleiteten sie zum Hof des Zukünftigen. Sie selbst ritten auf prächtig geschmückten Pferden voraus.

War die Hochzeitsgesellschaft vollzählig, ging sie, angeführt von der Musi, die schon seit dem *Daaganblosa* die Gäste einzeln in den Hof hereingespielt hatte, geschlossen zum Wirt, wo die Morgensuppe mit den Bratwürsten eingenommen wurde. Das Brautpaar ging von Tisch zu Tisch, begrüßte zusammen mit dem Hochzeitslader die Gäste, wünschte einen schönen Verlauf des Festes und dankte ihnen für ihr Kommen.

Auch die Näherin hatte alle Hände voll zu tun. Sie steckte jedem Erschienenen ein Sträußlein aus Rosmarinzweigen an den Hut oder ans Mieder. Die Brautleute erhielten einen Kranz. Der Braut wurde er in die Haare gesteckt, der Hochzeiter trug ihn um den Hut. Jeder der so Gezierten gab der Näherin ein kleines Trinkgeld.

Nachdem das morgendliche Mahl beendet und ein Gebet für die Verstorbenen aus der Brautfamilie gesprochen war, richtete sich die Gesellschaft zum *Kurchazug*.

Vorne links marschierte als Zeremonienmeister des Festes der Hochzeitslader. Ihm folgte die Blasmusik — in jüngerer Vergangenheit die Fahnen der Feuerwehr und der Vereine. Danach kam der Hochzeiter, flankiert von seinem Tauf- oder Firmpaten und dem *Nägschda*. Die Braut mit *Doudla* und *Nägschdin* gingen dahinter, gefolgt von der restlichen Hochzeitsgesellschaft. Die Eltern des Brautpaares nahmen normalerweise an der kirchlichen Trauung nicht teil. Sie glaubten, damit zum Glück ihrer Kinder beizutragen und ihnen ein langes gemeinsames Leben zu verschaffen.

An der Kirchentüre erwartete der ·Pfarrer die Brautleute und geleitete sie unter brausendem Orgelspiel zum Traualtar. Trauzeugen und Hochzeitslader überwachten jeden Schritt und jede Bewegung des Paares während der kirchlichen Eheschließung.

Überhaupt durften sich die zwei vom Abmarsch an der Wirtschaft bis zum Ende der Trauungszeremonie nicht ansehen, weil ihre Kinder sonst schiefe Hälse bekommen würden. Flossen in der Kirche reichlich Tränen der Rührung, war dies das Zeichen für eine glückliche Ehe. Dagegen hatte die Braut, die im Verlauf der Trauung einen Fuß auf den des zukünftigen Ehemannes stellte, auch in der Ehe die Hosen an.

Im Anschluß an die Feierlichkeiten gab der Pfarrer den Verheirateten und der ganzen Hochzeitsgesellschaft die *Johannisliab* zu trinken, den Wein, der am Festtag des Evangelisten Johannes geweiht worden war.

Bevor alles wieder zurück zum Wirt zog, gedachte man am Grab der verstorbenen Verwandten mit Gebet und Weihwasser.

Den Weg zum Wirtshaus mußte sich das junge Ehepaar bei den Dorfkindern mit *Guadslin*, *Bearadrejck* und Kleingeld freikaufen, weil diese den Kirchenabgang versperrten und erst freigaben, nachdem sie beschenkt worden waren.

Ein Hochzeitsessen in früherer Zeit war ein Genuß für Auge und Gaumen, aber auch Schwerarbeit für Magen und Verdauung. Es mußte mindestens sieben Richten haben, möglichst fett und nahrhaft gekocht sein und von elf Uhr vormittags bis um sechs Uhr abends dauern. Ein typisches Hochzeitsmal enthielt zunächst eine Suppe mit dreierlei *Knejl* und *Pfannakuacha*, eine Schüssel *Voaressa*, gekochtes Rindfleisch mit Blaukraut, gesottene Hühner, dick eingekochtes Sauerkraut, gebratenes Schweinefleisch mit Knödeln, *Kneachalasülz* und zum Abschluß Torten, Kuchen und Obst. Zwischen dieser Speisenfolge tanzten die Gäste zur Blasmusik, um sich Bewegung und Appetit zu verschaffen.

Der erste Tanz war für das Brautpaar reserviert, anschließend folgte der *Gfaderdanz*, bei dem die Tauf- und Firmpaten den *Danzbouda* betraten. Eltern und Geschwistern gehörte der dritte Tanz. Erst wenn das Sauerkraut gegessen war, durften die anderen Gäste zum *Krauddanz* antreten.

Bald danach richteten sich die Burschen zum *Braudverziacha*. An ihrem Hochzeitstag wurde die Braut von einigen jungen Männern entführt und in ein anderes Wirtshaus gebracht. Dort wurde gezecht. Der Hochzeiter mußte in-

Ohne Musi fand keine Hochzeit statt

zwischen seine Frau suchen. Durch Bezahlen der Zeche konnte er sie auslösen und endgültig als die Seinige in die Arme schließen.

Wenn in der Wirtschaft die letzte *Riachd* abgeräumt war, die Reste des Hochzeitsessens als *Bschoad* in Tücher eingewickelt wurden, begann der Hochzeitslader mit dem *Adanka*. Diese heute vielerorts eher als lästig empfundene Zeremonie beinhaltete einen Glückwunsch an das Brautpaar für seine kommenden Ehejahre, den Dank der Neuvermählten an den Herrgott, daß er sie zusammengeführt hat und an den Herrn Pfarrer, der den Gottesdienst in so trefflicher Weise gestaltete. Diese Danksagung ging auch an den Wirt, der die Gesellschaft so vorzüglich mit Speis und Trank versorgte, an die Eltern von Braut und Bräutigam, für die gute Erziehung und die schöne Jugend, die sie ihnen bereitet haben und namentlich an alle einzelnen Hochzeitsgäste für ihr Erscheinen beim Fest und die großzügigen Geschenke, die sie *gweist* hatten.

Damit war der offizielle Teil des Hochzeitsfestes beendet. Es begann die *Freimusi*, zu der alle nicht geladenen Dorfbewohner erscheinen konnten. Die geladenen Gäste verabschiedeten sich und wurden von der Kapelle einzeln *ausgschpüüd*. Gegen Mitternacht verließ auch das Hochzeitspaar die Festtafel und fuhr unter den Klängen der Blechmusik in ihr neues Heim.

Im Saal der Gastwirtschaft tanzte das junge Ehepaar mit seinen Gästen

Fehler der Jungbäuerin wurden ausgiebig diskutiert

Wenn die Hochzeitsfeierlichkeiten vorüber waren, der Wirt und die Musi bezahlt und der arbeitsreiche Alltag in das Haus der Eheleute eingezogen war, mußten sich die *Junga* erst einmal an die vielfältigen Aufgaben, die ihnen jetzt zur Pflicht gemacht wurden, gewöhnen. Die frischgebackene Hausfrau konnte sicher sein, daß etwaige Fehler, die sie in ihrer Unerfahrenheit machte, in der Nachbarschaft ausgiebig diskutiert wurden. Der neue Bauer mußte sich manchen ungebetenen Ratschlag von seinem Vater oder von den anderen Bauern anhören. Beide waren mehr wie zuvor eingebettet in ein Familiensystem, das ihnen zwar starke Zwänge auferlegte, aber auch Sicherheit in der Entscheidung und Hilfe in Notlagen bot.

Die junge Frau mußte lernen, wie die Dienstboten zu behandeln waren, damit sie nicht bei der nächsten Gelegenheit ausstanden und wie der Haushalt zu führen war, denn alles hatte sie nicht bei ihrer Mutter lernen können. Regeln und Konventionen waren einzuhalten, um nicht bei den Nachbarn anzuecken. Dem Jungbauern ging es nicht viel besser. Sein neuer Besitz brachte nicht nur Reichtum und Wohlstand, sondern auch Sorgen und Mühen wenn 's *Unglück* im Stall war, oder ein Unwetter den Feldbestand niederwarf.

*Auch die goldene Hochzeit
wurde gebührend gefeiert*

Armeseelenlicht erhellte Verstorbenen den Weg zum Himmel

Den Tod betrachteten die Menschen im Lechrain nicht als furchteinflößenden Feind des Lebens. Wer sein Leben lang das Wachsen und Vergehen auf den Feldern und in der Natur beobachtet hatte, der sah den Tod als Teil des Lebens. Wie die Frucht vom Baum fällt, wie das Korn vom Feld gefahren wird, genauso geht der Mensch von seinem Platz.

Die größte Sorge war, daß jemand ohne Sakramente sterben müßte. Darum bat man den Pfarrer frühzeitig um das *frsejcha*. Wer Zeit hatte, ging mit zum Haus des Kranken und betete für den Sterbenden. Der Segen, den der Pfarrer spendete, ging auch auf die Gesunden über.

Ein Bauer lag im Sterben. Sein ganzes Leben lang hatte er die schwere Arbeit und seine Armut mit einem ordentlichen Stück Humor getragen. Auch das Sterben nahm er von der leichteren Seite. Dem kleinen Nachbarsbub trug er auf: *„Geasch zum Schreiner und sagsch iam an schiana Gruas vo mi und i wär etz forti, er meacht d'Kischda gei macha."*

Als ihm der Kaplan die heilige Wegzehrung gereicht und versichert hatte, daß er nun wohl vorbereitet ins ewige Leben gehen könne, antwortete er:

„Ja mei, Hochwürden, dejs weer scha reachd, bal i na dengerschd idd danejwa dabb."

Wer einem Sterbenden einen letzten Wunsch erfüllte, konnte selbst auf eine gute Sterbestunde vertrauen.

Während die Anwesenden leise die Gebete um eine gute Todesstunde murmelten, brannte am Bett eine geweihte Kommunionkerze und verhinderte, daß sich der *beas Feind* der ausfahrenden Seele bemächtigte. Ein kleines Kind am Sterbebett erleichterte den Todeskampf und führte als unschuldiges Wesen die Seele in den Himmel.

Nachdem der Tod eingetreten war, schickte man sofort einen Dienstboten zum *Mejsmer*, der das Ableben eines Dorfbewohners mit dem *Schiedumlaidda* in der Gemeinde bekannt machte. War eine Frau verstorben, wurde das Läuten zweimal unterbrochen, bei Männern dreimal. Jeder, der das Läuten hörte, unterbrach seine Arbeit, betete ein Vaterunser und ein Ave Maria für den Toten.

Dessen irdische Hülle wurde inzwischen von der Nachbarschaft gewaschen und in das beste *Gwand* gekleidet. Mit einem hochgeweihten *Booddr*, einem Wachsstock, manchmal einem Benediktuspfennig in den Händen, bahrte man den Leichnam im Hausgang oder in der Tenne auf. Die Nachbarn hielten bei ihm die *Leichawachd*.

Die Bekanntgabe des Todesfalles bei den Verwandten, Bekannten und Freunden übernahm der *Doadansager*, der in den meisten Dörfern mit dem Hochzeitslader identisch war. Er lud zur Beerdigung, den darauffolgenden Seelenämtern und zum *Leichamohl*.

Gedenken und Gebet: Die Erinnerung an die Verstorbenen wurde gepflegt und wachgehalten

Am Morgen des Beerdigungstages trafen die Trauergäste ein und wurden mit Bier und Schnaps willkommen geheißen. Dann gab jeder dem Verschiedenen *Weichbrunna* und betete ein Vaterunser.

Nach Ankunft des Pfarrers formierte sich der Trauerzug zum Friedhof. Bei allen Höfen, an denen der Zug vorbeikam, schlossen sich die Dorfbewohner an und begleiteten ihren verstorbenen Mitmenschen zu seiner letzten Ruhestätte. War der Weg sehr weit, fand an bestimmten Plätzen ein *Doaddaraschda* in der Länge eines *Roasakranzgsedsla* statt. Vom Kirchturm erscholl dreimal *'s Reckalaidda*.

War der Leib des Toten auf dem Friedhof zur Ruhe gebettet, fand anschließend in der Kirche das erste Seelenamt statt. Man nannte es *Bsängnis*, weil dabei das Libera gesungen wurde. Die zweite Messe für den Toten hieß der *Siewad* und wurde eine Woche nach der Beerdigung abgehalten.

Erst nach der dritten Seelenmesse, dem *Dreißigschd*, ließ man beim Wirt das *Leichamohl* für die Trauergäste richten.

Bevor dieser Tag vorüber war, wurde keine Erbschaft ausbezahlt und keine Beerdigungskosten beglichen. Bis zu diesem Zeitpunkt brannte im Haus des Verstorbenen das Armeseelenlicht und erhellte ihm den Weg in den Himmel.

Nachdem beim *Dreißigschdmohl* gegessen und getrunken worden war, dankte der Todansager den Trauernden – wie bei einer Hochzeit – für die Anteilnahme und das Gebet für den Verstorbenen. Zum Abschluß der Feierlichkeiten beteiligten sich noch einmal alle Anwesenden an einem Gebet für den Toten. Die Angehörigen waren je nach Verwandtschaftsgrad unterschiedlich lange *in der Klag*. Eheleute und Eltern trauerten ein Jahr und vier Wochen, für Schwiegereltern klagte man neun Monate, für Geschwister ein halbes Jahr und für weitschichtige Verwandte vier Wochen. In dieser Zeit waren die Frauen schwarz gekleidet, während die Männer ihr gewöhnliches *Gwand* trugen. Die Leute gingen nicht zum Tanz, in der Wirtschaft verhielt man sich ruhiger. Bei den Gottesdiensten brannten die Frauen einen Wachsstock für die Seele des Verblichenen. Die Männer opferten reichlicher als sonst.

Die Grabstätte des Toten wurde nach jedem Gottesdienst besucht. Seine Nachfahren beteten so lange für ihn, bis die Erinnerung an den Verewigten durch das Kommen und Gehen der Generationen verschwunden war.

Die Arbeit der Bauern im Lechrain

Die Technisierung der Landwirtschaft und die Spezialisierung der Bauern auf ein, höchstens zwei Produkte, die dafür um so intensiver hergestellt werden, läßt uns manchmal ein wenig traurig in die Vergangenheit blicken. In eine Zeit, in der die Gänse auf den Höfen herumliefen, die Hühner nichts von Legebatterien wußten, mächtige Pferde den Pflug zogen, die Kühe ihre Milchproduktion nicht auf europäische Maßstäbe einschränken mußten. Jahrhunderte, in denen kräftige Menschen im Sommer auf das Feld zogen, um die Ernte vorwiegend in Handarbeit einzubringen und abends bis spät in die Nacht in der Tenne zu lustiger Musik tanzten.

Diese romantische Sichtweise wird den Menschen im Lechrain des 18. und 19. Jahrhunderts nicht gerecht.

Ihre Arbeit war unvorstellbar hart, ermüdend und kräfteraubend. Der größte Teil der Leute war besitzlos und hatte keine Aussicht, dies jemals ändern zu können. Die Vielfalt, die den Bauernhof umgab, war kein volkstümlicher Zierat, mit dem sich die Menschen schmückten, um ihre ästhetischen Bedürfnisse zu befriedigen, sondern lebenswichtige Notwendigkeit zur Versorgung mit Nahrung und Kleidung. Das Leben bestand in erster Linie aus Arbeit, und erst in zweiter aus bescheidenen Vergnügungen, die uns heute, überreizt wie wir sind, eher harmlos und unattraktiv erscheinen.

Überliefert haben sich vor allem die angenehmen Seiten des Lebens in früherer Zeit. Die Leute erinnern sich vorwiegend an herausragende Ereignisse, die, selten wie sie waren, um so großartiger gestaltet und gefeiert wurden.

Die alltägliche Arbeit dagegen scheint des Erzählens nicht wert gewesen zu sein. Sie war zu wenig sensationell und aufregend, um sie der Nachwelt zuzumuten.

Dabei ist gerade die Arbeit, als der eigentliche Inhalt des Bauernlebens, in der Lage, uns einen Begriff zu geben, wie unsere Vorfahren gelebt, welche Traditionen und Sprachelemente sie übernommen und später weitergegeben haben.

In einem landwirtschaftlichen Wochenblatt war ein wunderschönes Bild abgedruckt. Es stellte in romantischer Weise die Arbeit auf dem Land während des Jahreslaufes dar und trug die Überschrift „Bauernarbeit". Ein Bauernknecht schaute sich dieses Kunstwerk lange und nachdenklich an, bevor er meinte:

„Ja freili, d'Bauraarwad deds scho, awer d'Knejchdarwad, dej hod hald an Deifl."

Knechte und Mägde unterlagen strenger Rangordnung

Der unumschränkte Herr auf dem Hof war der *Baur*. Er hatte den Hof als Eigentum von seinem Vater übernommen oder, in selteneren Fällen, eingeheiratet. Er entschied alles, was gewichtig war, stellte die Dienstboten ein, befahl am Anfang eines Arbeitstages, wieviel bis zum Abend getan werden mußte. Seinem Geschick war es überlassen, mit den Viehhändlern zu verhandeln und das Getreide günstig zu verkaufen. Er

Die Ausfahrt mit dem Gaiwegala oder mit der Schees war den Bauersleuten vorbehalten

war es, der mit dem *Gaiwegala* in die Stadt fuhr und Neuanschaffungen tätigte. Die meisten Bauern arbeiteten aber zusätzlich auf dem Hof mit.

Das Hauswesen war Sache der *Bain*. Sie sorgte dafür, daß jeder, der auf dem Hof lebte, genügend zu essen hatte, einen halbwegs annehmbaren Platz zum Schlafen und ordentliche Kleidung. Auf großen Höfen hatte die Bäuerin zur Unterstützung eine *Hausdiera* oder ein *Hausmella*. Zu ihren Aufgaben gehörte zusätzlich die Versorgung der Hühner, Gänse und Enten. Der Erlös dieser Kleinviehhaltung verschaffte ihr ein kleines *Michala*, ein Taschengeld, das den Bauern nichts anging und mit dem sie sich bescheidene Wünsche erfüllen konnte.

Die *Dianschtboudda* unterlagen einer strengen Rangordnung. Männliche Arbeitskräfte führte der *Knejchd* an. Er war der Vorarbeiter im Feld und bei der allgemeinen Hofarbeit und gleichzeitig der Stellvertreter des Bauern, wenn dieser nicht anwesend war. Ihm war als nächster der *Midderknejchd* untergeordnet, anschließend der *Dreier*. Ebenfalls unter der Oberaufsicht des Knechtes besorgten der *Schdangareidder* und der *Bua* den Pferdestall und den Fuhrdienst.

War der Rinderstall besonders groß, wurde er von einem Schweizerehepaar betreut. Für kleinere Ställe genügte meist eine *Schdalldiera*.

Die *Weisbüder* wurden angeführt von der *Diera*. Sie waren ebenfalls für die allgemeine Hof- und Feldarbeit zuständig, wurden jedoch niedriger bezahlt als die *Mannsbüder*. Zu ihnen gehörten die *Undderdiera* und die *Dreierin*.

Alle diese *Eahaldda* waren jeweils für ein ganzes Jahr in einem festen Dienstverhältnis. Nur der Schweizer hatte eine kürzere Kündigungsfrist. „'S Schweizerjohr daurd bloas vier Wocha", beklagten sich viele Bauern, wenn ihnen ihr Stallarbeiter nach kurzer Zeit wieder *ausgschdanda* war.

Eine neue Stelle wurde per Handschlag besiegelt. Schriftliche Arbeitsverträge gab es erst zu Anfang des 20. Jahrhunderts für die landwirtschaftlichen Arbeitskräfte.

Die Entlohnung der Dienstboten erfolgte normalerweise einmal jährlich: Für die *Mannsbüder* am *Schdeffasdaag*, für die *Weisbüder* an *Liachdmeß*. Dabei wurde ein Teil des *Ausding* in bar bezahlt, der andere Teil bestand in Naturalien, meist Kleidung wie *Hemmader*, *Furddach*, Schuhen und Blusen. Eine fleißige *Diera* durfte auch manchmal mit einem *Beggwand* rechnen.

Die Zahltage waren gleichzeitig auch die Termine, an denen ein Dienstplatz gewechselt werden konnte. Wenn ein Dienstbote gekündigt hatte, erlaubte er sich bis zum Antritt der neuen Stelle ein paar Tage *Schlenglweil*. Diesen kurzen Urlaub nutzte er zum Umzug an den nächsten Arbeitsplatz und für einen Besuch zu Hause.

Kurzes Verschnaufen in der Küche

Starke Rösser waren der Stolz jedes Bauern

Wer als „gstandener" Bauer gelten wollte, mußte sich als Zug- und Ackertiere *Rous* halten. Diese wertvollen Tiere erhielten die beste Behandlung und das ausgesuchteste Fressen. Sie repräsentierten den Wohlstand und die Größe eines Hofes und waren für den Bauern eine ständige Quelle des Stolzes. Wer seine Fuhrarbeit nur mit Ochsen oder Kühen erledigte, weil er sich auf seinem kleinen Hof keine Pferde leisten konnte, den bezeichneten die größeren Hofbesitzer als *Deixlschebberer* oder *Pfripfler*.

Die Arbeit im *Rousschdall* besorgte der *Stangareiter* und der *Bua*. Sie fütterten die Pferde mit *Rousgsoud*, *Hawerbruch* und *Kleib*; sie striegelten das Fell und pflegten die Hufe. Der *Bua* war in der Frühe der erste, der aus dem Bett stieg und in den Stall ging, die Pferde fütterte und sie zum *Aufzomma* herausführte. Dann legte er ihnen *Kommad* und *Zommzaig* über und spannte sie mit dem *Schdrangzaig* vor den Wagen oder den Pflug.

Geführt wurden die Pferde mit Zieh-

Die Pferde wurden mit besonderer Sorgfalt gepflegt; sie waren die Haustiere, mit denen der Bauer renommierte

kommandos über das *Loadsoal* und Zurufen wie *„wist"* für links, *„hott"* für rechts, *„hia"* zum Losgehen. Das Haltkommando lautete *„öha"*. Nur die Roßhändler und Zigeuner riefen *„brrr"*.

Für die schwere Zugarbeit bei der Ernte und beim *Äckara* waren Pferde bedeutend besser wie Rinder geeignet, weil sie mehr Ausdauer und viel größere Kräfte besaßen. Auch die Holzarbeit im Winter war mit starken Rössern leichter und ging schneller. Mit dem zunehmenden Einsatz von Traktoren wurden die Pferde zwar recht schnell abgeschafft, aber mancher Bauer hielt sich noch lange eine *Mejnung* und setzte sie wegen ihrer größeren Beweglichkeit bei Waldarbeiten ein.

Zucht konnte man mit den wenigen Pferden nicht betreiben; die Bauern kauften sie auf dem *Rousmargg* oder beim *Roushändler*.

Einer davon war der Kleinhäusler Sylvest aus P. Er betrieb neben seinem kleinen Bauernanwesen zusätzlich ein wenig Viehhandel. Wegen dauernden Geldmangels konnte er nicht gerade das Beste an Tieren bieten. So „frisierte" er einen uralten Schimmel auf recht jung und verkaufte ihn schnellstmöglich mit den höchsten Versprechungen und Garantien an den Binder von U. Diesem ist der abgewirtschaftete *Haidder* auch prompt nach ein paar Tagen eingegangen. Daraufhin rannte der Binder voll Zorn zum Sylvest und beklagte sich bei ihm: *„Du Veschdl, der Bluadsschieml isch mer doch glatt hejd nachd ejganga".* Worauf der Sylvest mit aller Ruhe

erwiderte: *„Komisch, dejs hodd er ba mi nou nia gmachd."*

Hatte ein Bauer eine besonders schön gebaute *Schduadd* im Stall stehen, versuchte er ab und zu, sie decken zu lassen. Dies lohnte sich jedoch auf keinen Fall. Die Aufzucht eines *Heißls* erforderte Platz im Stall und im Garten, wertvolles Futter und eine aufwendige Pflege. So scheuten die meisten Bauern dieses Risiko.

Zu seinen Pferden hatte der Landwirt ein sehr vertrautes Verhältnis. Wenn sie zur Arbeit nicht mehr taugten, erhielten

Das Beschlagen der Rösser besorgte der Schmied

71

sie auf dem Hof das Gnadenbrot, während die Ochsen nach vollbrachter Leistung einfach dem Schlachtvieh zugerechnet wurden.

Von den Kühen erwartete der Bauer jedes Jahr ein Kalb. Waren sie zu alt zum *Kölwera*, holte sie der Metzger, damit wenigstens ihr Fleisch etwas einbrachte.

Im Lechrain herrschte das bayerische Fleckvieh vor, das sich mit seiner Widerstandsfähigkeit und Kraft sehr gut für die Arbeit als Zugtier eignete.

Die Rinder hielt man in niedrigen, finsteren Ställen, die sie nur im Herbst zum *Ausdreiwa* verlassen konnten.

Die Arbeit im Stall mußte, damals wie heute, sonntags und werktags zu jeder Jahreszeit erledigt werden. Sie begann in der Frühe, bevor der *Schweizer* oder die *Schdalldiera* daran gedacht hatte, zu frühstücken, mit dem *Ejgejwa* und dem *Ausmischdda*. Zu fressen bekam das Großvieh im Sommer Grünfutter wie Gras und Klee, im Winter *Gsoud* oder Heu. Wenn diese Vorräte zur Neige gingen, wurde zur Verlängerung der Futtermittel kleingehacktes Stroh verwendet.

War der *Boora* leergefressen, gab man den Tieren aus dem *Wassergrand* kübelweise Wasser und ließ sie saufen. Währenddessen begann das Ausmisten. Anschließend wurde gemolken. Dazu saß der Melker auf einem niedrigen dreibeinigen *Mökschdiala* und hielt den Melkkübel zwischen den Beinen. Frauen hatten das Stallkopftuch umgebunden, damit sie sich an den Bauch der Kuh leh-

nen konnten, Männer setzten ihre Hüte zum Melken mit der Vorderkrempe nach hinten auf. Gab eine Kuh nur aus drei Zitzen Milch, so war sie *dreischdriachi*. Eine gutgenährte gesunde Kuh gab täglich zweimal bis zu acht Liter Milch, die durch ein feingewobenes *Seichduach* in die *Müllibiedscha* lief.

Bis vor dem ersten Weltkrieg wurde alle Milch, die ein Hof produzierte, auch dort weiterverarbeitet. Die Genossenschaftsmolkereien gewannen erst später an Bedeutung. Bis dahin hatten die Bauern vielerlei Verwendungsmöglichkeiten für die Milch. Ein Teil wurde in der Küche bei der Zubereitung der Mehlspeisen, *Müllisuppa* und Musre-

Bei den kleineren Bauern mußten Kühe oder Ochsen als Zugtiere herhalten

72

zepte verwendet, der Rest entweder entrahmt und zur Herstellung von Butter verwendet oder in *Keallin* aufgestellt und zu *gschdockdar Mülli* verarbeitet. Die übriggebliebene Magermilch bekamen die Schweine und Jungtiere.

Den Rahm schüttete die Bäuerin in ein hölzernes *Budderfäßla* und rührte geduldig so lange, bis er zu Butter *zejmaganga* war. Darauf mußte sie ihn auf einem Teller *schuddsa*, daß er eine ovale Ballenform bekam. Häufig verzierte sie den Butterlaib, indem sie mit dem Löffel ein Muster hineindrückte.

Wenn der Stall vollständig versorgt war, das Vieh sauber und zufrieden stand, konnten die Leute an sich selber denken. Abends wiederholte sich das gleiche noch einmal, so daß der *Schweizer* oder die *Schdalldiera* rund um die Uhr *eigschbannt* war. Untertags kamen die nicht so alltäglichen Arbeiten wie *Gsoudschneida*, *Kloabuddsa* oder das Striegeln der Tiere an die Reihe. Wenn eine Kuh ihr Kalb nachts zur Welt brachte, verhalf der für den Stall verantwortliche Dienstbote dem *Moggala* ans Licht.

Doch trotz all der Mühe und Sorge, die den Tieren gewidmet wurde, kam es vor, daß ein Bauer seinen ganzen Bestand wegen der gefürchteten *Kloasuchd* beseitigen mußte. Auch Bang und Tbc waren infolge einer mangelhaften tierärztlichen Versorgung nicht selten. Gefährlich und sehr häufig war das *Aufdreiwa* der Rinder. Wenn sie zuviel Grünfutter gefressen hatten oder dieses schon zu lange lag und zu gären begann, konnte sich der Magen aufgrund

der entstehenden Gase so stark aufblähen, daß das Tier einging.

Kurz nach Beginn dieses Jahrhunderts war beim Recherbauern in E. ein Ochse erkrankt. Er hatte zuviel jungen Klee *darwischd* und mußte das jetzt büßen. Bis auf die Straße hinaus hörte man ihn *krejschda* und *blarra*. Zu allem Unglück war auch der Anstichdolch nirgends aufzufinden. Im Moment der größten Not hatte der Nachbar eine gute Idee: Er brachte von zu Hause einen großen Steinkrug voll frischem *Schnupfdawak*. Damit stopfte man dem armen Tier die Nasenlöcher zu. Wirklich, das Hausmittel schien zu helfen! Der Ochs sprang auf, mußte ein paarmal lautstark nießen, fiel um und war auf der Stelle tot. Häufiges Unglück im Stall konnte einen Bauern *auf d'Gandd* bringen; deshalb war die erste Frage, wenn sich Bauern trafen, immer die nach dem Glück im Stall.

Die Schweinezucht wurde vorwiegend zur Selbstversorgung betrieben. Jeder Bauer hielt sich mindestens eine *Loas*, die ihm den stetigen Nachwuchs von *Fecklin* garantierte. Zur Besamung der Tiere stand bei einigen Bauern ein *Bear* – ein Zuchteber – im Stall, dem die Landwirte gegen Gebühr ihre Mutterschweine *zualossa* konnten.

Bald nach der Geburt bestellte man den *Fecklaschneider*, der die männlichen Ferkel kastrierte, um sie zur Mast vorzubereiten. Zählte ein Wurf besonders viele Tiere, wurden einige davon nach ca. sechs Wochen verkauft. Die übrigen zog man im Saustall auf, um sie nach etwa acht bis zehn Monaten zu schlachten. Als Futter bekamen sie Brei aus *Bruuch* und Magermilch, zerdrückte *Saukardoffla*, die zuvor im Dämpfer gekocht worden waren, und im Sommer etwas Klee. Wenn der Bauer auf seinem Hof einen geeigneten Platz hatte, trieb er seine Schweine in der warmen Jahreszeit auf diese *Sauwoad* und ließ sie dort wühlen.

Zu allen höheren Festtagen im Jahr schlachtete man ein Schwein, das den Fleischbedarf aller Hofbewohner für längere Zeit decken mußte. Der Hausmetzger verarbeitete die ganze Sau an einem Vormittag. Zum Helfen drängte sich dabei alles, was zwei Beine hatte. *Kesslfleisch* und *Kesslsubba* lockte die Familie, das Gesinde und die Nachbarn in die *Wäschkucha*, wo der Schlachtvorgang meistens stattfand.

Verwertet wurde alles außer den Borsten und den Klauen. Der Metzger verarbeitete die Sau zu *Bluad-* und *Lejwerwirschd*, machte *Bressack* und *Streichwuuschd* aus dem Kopffleisch und den Innereien, *Knechalasülz* aus den Füßen und einen Ball für die Kinder, indem er die leere Saublase – die *Blodder* – aufblies und zuband.

Die Schweine wurden früher länger gehalten, um sie fetter werden zu lassen. Sie mußten das *Schwejschmalz* liefern, mit dem in der Küche fast alles zubereitet wurde. Zum *Schmalzauslossa* schnitt man die Speckschwarten in kleine Würfel und erhitzte sie in einem großen *Haafa*, bis sie ihr Fett abgegeben hatten. Die Rückstände davon – die *Griewa* –

wurden aufs Brot gestrichen und noch heiß als *Schmalzabroud* gegessen.

Was von dem geschlachteten Schwein nicht innerhalb der nächsten Tage gegessen werden konnte, machte man auf die verschiedensten Weisen haltbar. Ein Teil des Wurstteigs wurde eingeweckt, ebenso etwas vom vorgebratenen Fleisch. Das restliche Fleisch legte man in *d'Suur*, wo es sich bis zu fünf, sechs Wochen hielt. Danach wurde der Rest in *d'Raicher* gehängt und durch Räuchern konserviert. So vielfältig Schweinefleisch auch verarbeitet werden konnte, blieb es doch immer ein sehr seltener Bestandteil des bäuerlichen Speisezettels. Bei einem Hausstand von 15 bis 20 Personen war ein Schwein schnell gegessen. Die Zeit bis zum nächsten Feiertag und damit auch Schlachttag, überbrückte die Köchin mit Mehlspeisen und Kartoffeln.

Um die Versorgung der Küche mit Eiern und Fleisch sicherzustellen, wurde auf den Höfen vielerlei Geflügel gehalten.

Hühner, Gänse, Enten, oft auch *Biehenna*, gehörten in den Aufgabenbereich der Bäuerin, die den Bestand mit Sorgfalt und Umsicht versorgte. Schneeweiße Gänse und wohlgenährte Enten sah man als Zeichen für geordnete Hausführung an. Wenn die Hühner den *Ziebf* hatten, gab man der *Bain* die Schuld an dieser Schlamperei.

Im Sommer wurde in aller Frühe der *Hennaschluuf* aufgemacht. So konnten die Hühner sich ihr Futter im Freien suchen, auf dem Mist scharren und im

Staub baden. Dieses ungezwungene, artgemäße Leben regte sie zu vermehrter Eierproduktion an. Im Winter, den sie im Stall verbrachten, wurden sie nur mit *Afdderdroad* gefüttert und legten daher auch viel weniger Eier.

Für den Nachwuchs kümmerte sich der *Goggl*, der die Hühnerschar anführte und keinen anderen seiner Art auf dem Hof duldete. Den Hühnern legte man im Frühjahr etwa ein Dutzend Eier unter, die sie 21 Tage *ausbruadda* mußten,

bis die *Biwalan* ausgeschlüpft waren. Diese liefen etwa sechs Wochen mit der *Bruaddl*, dann konnten sie sich ihr Futter selbst suchen. Die ersten Eier legten die Junghennen nach einem halben Jahr. Gänse und Enten hielten sich vornehmlich die Bäuerinnen, deren Hof in der Nähe eines Gewässers lag. Je mehr Zeit diese Tiere im Wasser verbrachten, umso weicher und lockerer wurde ihr Gefieder, das zur Bettenfüllung verwendet wurde.

Die Hühnerhaltung verschaffte der Bäuerin ein kleines Schmugeld

Mühsame Feldbestellung kostete viel Schweiß

Feldarbeit war in früherer Zeit reine Handarbeit. Zur Hilfe benutzten die Menschen nur einfachste Geräte und Zugtiere. Entsprechend hoch war deshalb die Zahl der Arbeitskräfte, die ein Bauer brauchte, wenn er seine Ernte einbringen wollte, oder seine Felder zu bestellen hatte.

Die Anbauflächen sind in den meisten Fällen gleich groß geblieben; geändert haben sich die Methoden, mit denen die Feldwirtschaft betrieben wird.

Der Getreideanbau war einer der hauptsächlichen Zweige der Feldbestellung im Lechrain. Gegen Süden nahm diese Nutzung ab und machte einer ausgedehnten Grünlandwirtschaft Platz.

Die angebauten Getreidesorten haben im Lauf der Jahrhunderte in ihrer Vielfalt zugenommen. Die erste und ursprünglichste Art dürfte hier der *Fejsa* gewesen sein, wie man den weit verbreiteten Dinkel oder Spelzweizen nannte. Später kamen *Woaza*, *Geaschda*, *Hawer*, *Koara* (Roggen) dazu.

Der Bauer begann mit der Feldbestellung im Herbst, wenn die Ernte eingebracht war. Zuerst mußte man die abgeernteten Felder *umäckera* und damit die ausgelaugten Erdschichten gegen tiefergelegene frische austauschen. Diese Arbeit verichtete ein erfahrener Dienstbote, dem der Bauer zutrauen konnte, daß er schnurgerade *Schdranga* durch das Feld zog. Sauberes *Äckera* war eine Kunst, die in langen Jahren erlernt,

dann aber nie wieder vernachlässigt wurde. Es kam nur selten vor, daß ein Acker zwei parallele *Awanda* hatte und damit eine regelmäßige rechteckige Form. Die meisten Felder waren *spiaßeggad* und erforderten das Anbringen von *Gehra*, Furchen, die an der Längsseite ausliefen. Wurde der Abstand zwischen den Furchen zu groß, so blieb ein Stück Boden unbearbeitet. Der Knecht, der dieses Malheur verursacht hatte, mußte sich anhören: *„An Saudriegl hosch gäkkerd"*. Damit der Acker einen sauberen Abschluß hatte, mußte an den Breitseiten noch ein quer gepflügtes *Voarbedd* angebracht werden.

Das Ackern verteilte sich auf zwei Arbeitsgänge: Zuerst mußte man den Akker *broocha* und damit das *Weisch*, die Stoppeln von der Getreideernte, unterackern. Das anschließende *Falga* brach die Erde tiefer auf und wendete die Schollen um. Dadurch wurde der Boden *rougli*. Anschließend zerkleinerte die Egge die großen Erdbrocken, und der Acker war fein und glatt.

Für Mensch und Tier war dies die Zeit der schwersten Arbeit. Beide spürten die Beschaffenheit des Bodens: ob er *keif* war und damit eine intensive Bearbeitung erforderte oder eher *rougli* und so auch leichter zum *Äckera*. Vor dem Pflug mußten Ochsen oder Rösser ohne *Deixl* gehen, die sie sonst zusammenhielt und führte. Darum war es notwendig, daß die Zugtiere auf jeden Zuruf reagierten, jeden Pfiff des Ackernden kannten und auch untereinander zusammenpassten. Nicht selten war der *Handgaul* ein stures Vieh, das nach einem halben Tag Arbeit keine Lust mehr hatte und einfach nicht so folgen wollte, wie es der Mann hinter dem Pflug gerne gehabt hätte, oder der *Saalgaul* trat bei jedem Umkehren aus dem Seil. Dann konnte es schon vorkommen, daß ein aufbrausender Knecht oder ein jähzorniger Bauer, die unübersehbare Fläche des ungepflügten Ackerlandes vor Augen, alle Heiligen vom Himmel herunterfluchte und seine Tiere anschrie, daß es im weiten Umkreis zu hören war.

Aber auch genau das Gegenteil konnte eintreten. Einige alte Bauernknechte erzählten, daß sie beim *Äckera* sehr oft ins *Fanddasiera* gekommen seien, allein mit den Tieren ihren Gedanken nachhängen konnten, wozu sonst bei der Bauernarbeit wenig Gelegenheit bestand.

Nach dem Ackern wurde das frisch umgebrochene Land mit *Mieschd* und *Olwasser* gedüngt. Zunächst lud man den Mist in der *Mieschdlejg* auf den Wagen und klopfte ihn mit der *Mieschbreedscha* fest. Auf dem Feld zog man ihn mit dem *Mieschdhogga* zu kleinen Häufchen auf den Boden, um das anschließende *Mieschbroata* zu erleichtern. Die Jauche wurde in ganz früherer Zeit in der *Ooldruucha*, erst später im *Oolfaas* auf die Felder und Wiesen gefahren und dort zur Düngung verteilt.

Die Felder wurden ausschließlich mit Stallmist gedüngt

Die beim Ackern entstandenen Schollen zerkleinerte man mit der groben *Reiß-egga*, während die anschließende Saatvorbereitung mit einer kleineren *Schdreichegga* durchgeführt wurde. Erst wenn das Feld eine glatte und krümelige Humusdecke hatte, band sich der Bauer oder der Knecht das Sätuch um Hals und Schultern und ging mit gleichmäßigen Schritten und weitausholendem Armschwung über das zukünftige Getreidefeld, je nach Bodengüte abschätzend, wieviel Saatgut notwendig war, um einen ausreichend dichten Bewuchs zu erhalten. Das Ergebnis der Säarbeit stand lange sichtbar auf dem *Droadacker* und gab oft den Nachbarn Grund zum Spott, wenn kahle Stellen auftauchten, oder jede Säbewegung im aufgegangenen Getreide sichtbar wurde.

Nach dem Säen mußte das Saatgut eingeeggt und der Boden mit der *Walza* verfestigt werden.

Bis auf das *Dischlschdecha* wurde das Feld nun ganz sich selbst überlassen. Der Bauer ging, meistens am Sonntag, über sein Land und sah nach, ob die Saat aufging, die Halme und Ähren gediehen oder sich der gefürchtete Mehltau bemerkbar machte. Im Sommer, kurz vor der Ernte, prüfte der Bauer, ob die Gerste schon dürr und reif war und sich beim Reiben der Ähre zwischen den Fingern die *Schölf* schon löste.

Am Jakobitag, dem 25. Juli, begann

Die Getreideernte beschäftigte eine große Anzahl Menschen während des Sommers

Getreideernte, der *Schnied*. Das waren drei, vier, manchmal auch fünf oder sechs Wochen härtester Arbeit und mühseliger Plagerei. Jeden Tag *Kraizwea* vom dauernden Bücken, geschwollene und verkrampfte Finger vom *Sejgas* halten, zerstochene und zerschundene Haut vom *Fuaderlada* mit dem harten Stroh; all dies wartete auf *Diaschbouta* ebenso wie auf die extra eingestellten *Schniedder*. Nicht idyllisch und romantisch war die Arbeit, die in sengender Hitze zu tun war und die letzten Kräfte herauspreßte, sondern beinhart und mühevoll bis zur Erschöpfung.

Die *Mahder* rückten langsam spreizbeinig über das Feld vor, mit jedem Schritt mähten sie ein breites Stück ihrer Halmreihe ab. Das Getreide mußte nach jedem Schnitt sauber daliegen; kein einzelner Halm durfte stehen bleiben, weil diese *Musikandda*, wie sie genannt wurden, den gleichmäßigen Ablauf des Mähens störten, wenn sie nachträglich noch einzeln abgeschnitten werden mußten. Das *Weisch* sollte nicht zu lang sein, weil dabei viel Stroh verloren ging, aber auch nicht zu kurz abgeschnitten werden, denn ein einziger Sensenstreich in die Erde konnte den ganzen *Dangl*, den man am Abend zuvor mit Mühe und Sorgfalt auf die Sensenschneide aufgehämmert hat, ruinieren. Das *Dangla* war eine Wissenschaft, bei der jeder seine eigene Methodik anwandte und glaubte, nur er

An den Sommerabenden konnte man das Geräusch vom Dengeln im ganzen Dorf hören

Bei der mühevollen Arbeit der Getreideernte war eine Brotzeit notwendig

79

allein könne richtig *dangla*. Schlagstärke, Rhythmus, Werkzeug und eifersüchtig geheimgehaltene Tricks entlockten der Sense den dünnen Streifen geschärften Blechs, dessen Qualität darüber entschied, ob sich der *Mahder* am nächsten Tag bei jedem Schnitt plagen mußte und nicht recht weiterkam,

Die Mannsbilder trugen das gedroschene und gereinigte Getreide beim sackabtragen auf den Dachboden

oder ob die Sense fast mühelos das Korn schnitt.

Nach den *Mahdern* hatten die *Aufklauwerinna* die Aufgabe, das Getreide zu sammeln. Beim Mähen von *Koara* und *Woaza* gingen sie direkt hinter ihrem jeweiligen Mahder und ordneten den abgemähten *Droad* in der Armbeuge zu *Schejwlin*. Mit einem dünnen Bündel Stroh, das die Frauen aus dem gesammelten Getreide herausgezogen hatten, banden sie die Garben zusammen und ließen diese liegen. Mähen, Sammeln und Bündeln des Getreides erforderte Geschick und Flinkheit. Für einen schlampigen *Mahder*, der ungleichmäßig weit in das stehende Getreide hineinmähte, mußte die *Aufklauwerin* mehr Mühe aufwenden, um alle abgeschnittenen Halme aufzusammeln. Auch *Dischla* im *Droad* oder Halme, die zum Binden zu kurz waren, erschwerten ihr die ohnehin harte Arbeit.

Um das gemähte Getreide reifen und nachtrocknen zu lassen, stellte man die *Schejwlin* anschließend zu *Männdlin* auf. Von Hof zu Hof unterschiedlich wurden jeweils sieben, acht oder neun dieser kleinen Garben mit den Ähren nach oben zusammengestellt und in einer exakten Reihe ausgerichtet.

Gerste und Hafer ließ man nach dem Mähen zum *Durra* liegen und faßte sie kurz vor dem *Ejfiara* zu größeren *Garwa* zusammen.

Der Transport des Getreides zum Hof begann auf dem Feld mit dem *Fuaderlada*. Mit der zweizinkigen *Daxgawl* warf der *Aufgejwer* die Getreidebüschel der

Laderin auf dem Wagen vor die Füße. Diese ordnete daraus nach bewährten Prinzipien ein Fuder, das auch einen längeren, unebenen Heimweg ohne Verrutschen oder *Umwarfa* überstand. Der *Wiesbomm*, über die oberste Getreidelage geschoben und am Wagen festgebunden, verhinderte, daß sich die Ladung lockerte und auf dem Heimweg ein *Anschbreißa* mit der Gabel notwendig machte. Beim Abladen im *Schdaal* wurde jede Getreideart in dem dafür vorgesehenen *Vierddl* zu einem *Schdouk* geschichtet und dort bis zum Dreschen gelagert.

Eine der ersten Arbeiten auf den Bauernhöfen, die dem Menschen teilweise von Maschinen abgenommen wurden, war das Dreschen. Schon um die Jahrhundertwende, in manchen Gegenden noch früher, tauchten in den Dörfern die ersten Dampfdreschwägen auf. Durch sie erübrigte sich das mühsame Dreschen mit dem *Drischl*, das ja seit dem Beginn des Getreideanbaues ein charakteristischer Arbeitsgang war. Dabei schlug man mit dem Dreschflegel die Körner aus den Spelzen. Monatelang, oft den ganzen Winter hindurch, standen drei bis sechs *Mannsbüder* auf der *Denna* und schwangen den *Drischl* im dumpf dröhnenden Takt, warfen die Frauen Garbe für Garbe vom Stock herunter, räumten das leere Stroh weg,

Das Getreide wurde zu Mühlen und Brauereien gefahren und dort weiterverarbeitet

sonderten in der *Windfejg* das Korn vom *Schbriewer*.

Durch das Aufkommen von Dreschmaschinen, zuerst nur mit Dampf, später elektrisch und mit Dieselmotoren angetrieben, verkürzte sich die Dauer des Dreschens auf wenige Tage, an denen mit Höchstgeschwindigkeit gearbeitet wurde. Jede Stunde, die man den „Dampf" im Hof stehen hatte, kostete bares Geld. So versuchte jeder Bauer, eine möglichst kurze und reibungslose Dreschzeit herauszuschinden.

Für das Heufuder war die Laderin verantwortlich

Eine gute *Wies* erlaubte dem Bauern bei günstiger Witterung oft eine dreimalige Heuernte. Doch so häufig wie heutzutage, wo bereits Ende Mai mit dem *Haiejnfiara* begonnen wird und das Gras viel längere Zeit nachwachsen kann, kam dies früher nicht vor. In den meisten Fällen mußte man sich mit dem *Gruamad* begnügen und froh sein, wenn wenigstens dieses ordentlich *vergejwa* hatte.

Das Gras wurde bis in die zwanziger Jahre ausschließlich mit der *Seegas* gemäht. Mähmaschinen, die später Verwendung fanden, waren ohnehin nur auf ebenen und guten Wiesen zu verwenden. Für die steilen Abhänge im südlicheren Moränengebiet und für die unregelmäßigen *Leidda* von Lech, Paar und Rohrach im Norden mußte trotz aller Technik die Sense herhalten.

Begonnen wurde mit dem Mähen in der Junimitte, wenn das Gras fett und kräftig stand. Schon vor der ersten Morgendämmerung zogen die Mäher auf die Wiesen, ausgerüstet mit Sense, *Weddsschdua* und *Kumbf*, um das vom Tau schwere und damit schnittfestere Gras abzumähen. Die Arbeit ging flott voran, wenn eine Wiese zu mähen war, auf der das Gras kräftig und dicht

In der neueren Zeit erleichterten Maschinen die Erntearbeit

stand, und man mit gleichmäßigem Schwung vorankam. Zur Plage wurde das Mähen, wenn das *Fuchsgras* dünn, sauer und unregelmäßig keinen Widerstand entgegensetzte oder ein *Scheerhaufa* am anderen die Schneide an der Sense verdarb.

Das abgemähte Gras wurde nach dem Schnitt mit dem Rechen oder mit der Gabel *anbroaddnd* und der Sonne zum Trocknen überlassen.

Nach nochmaligem *Umkeara* mußten am selben Abend oder bei etwas kühlerer Witterung *Hocker* gemacht werden. Dazu wurde das bereits trockene Heu *aufgmahdnd* und zu kleinen Häufchen, die *Hocker*, aufgerichtet. In diesem Zustand konnte das Heu einen stärkeren Gewitterregen ohne Qualitätsverlust überste-

hen. Am nächsten Tag folgte das *Anschdreea*, der letzte Trocknungsprozeß, bevor es zum Aufladen zu *Schlooa* zusammengerecht wurde.

Ejnfiara konnte man nur am Nachmittag, wenn die Mittagssonne den letzten Tautropfen und alle restliche Feuchtigkeit dem Heu entzogen hatte.

Zwischen den *Schlooa* wurde das Fuhrwerk ruckweise entlanggeführt, während die *Auflader* das Heu mit langen Gabelstichen vor sich her schoben, bis ein *Bauscha* von der richtigen Größe beisammen war. Kräftige *Auflader* konnten den ganzen *Bauscha* frei nach oben heben und ihn der *Laderin* an die richtige Stelle legen. Ein Knecht, der nicht so sehr mit Muskelschmalz gesegnet war, mußte erst noch *Mauslouchboara*, das

Das Fuaderlada erforderte große Geschicklichkeit und Präzision

heißt, den Gabelstiel in den Boden rammen und das Heu mit Hebelkraft in die Höhe stemmen. Hinten zog die *Noochreacherin* das liegengebliebene Heu mit ihrem Rechen nach und legte es vorne wieder auf die *Schloo*. Eine abgeerntete Heuwiese mußte aussehen wie mit dem Besen gekehrt; schließlich war im Winter jeder *Schibbl* als Viehfutter wertvoll.

Die schwierigste und verantwortungsvollste Aufgabe beim *Haiejnfiara* war die des Fuderladens. Sie erforderte ein großes Maß an Gefühl für die Konsistenz des Heus und viel Erfahrung in der Plazierung der einzelnen *Bauscha*. War das Heu gut getrocknet, so zeigte es eine glasige, spröde Beschaffenheit und neigte besonders gern zum Verrutschen und Auseinanderfallen. Ein schlechter Auflader, der seine Büschel nur locker zusammengabelte, oder der sie nach dem *Aufgejwa* wieder lockerte und auflöste, weil er die Gabel zu ungestüm herausriß, ein *Rousbua*, der seine *Mejnung* (Pferdegespann) zu scharf antreten ließ, daß es der *Diara* auf dem Fuder nur mit Mühe gelang, nicht herunterzufallen, aber auch eine abschüssige oder unebene Wiese, die den Wagen schüttelte, waren Faktoren, die das Heufuhrwerk zum Umwerfen bringen konnten. Schuld war am Ende immer die *Laderin*, sie trug die Verantwortung für das Fuder. So gab sie sich von Anfang an die größte Mühe, jeden *Bauscha* sorgfältig

zu setzen, die *Auflader* so zu dirigieren, daß sie ihre Last gleich beim Heraufgeben richtig anlegten und das Heu fest einzutreten, daß die Büschel auch untereinander richtig zusammenhielten. Dabei wuchs das Fuder *Bauscha* um *Bauscha* in die Höhe. Meist wurden vier Legen, *vier mö iwern Waga*, aufgeladen, bevor der *Wiesbomm* angebracht wurde. Dieser *Bomm* war eine geschälte Fichtenstange, möglichst gleichmäßig und gerade, der dem Fuder zur Heimfahrt den nötigen Halt gab. Vorne und hinten jeweils mit einem *Haisoal* an den Wagenleitern festgebunden, drückte er das Fuder zu einem Paket zusammen und verhinderte, daß sich das Heu lockerte und auseinanderfiel.

Zur Heimfahrt koppelte man bei sehr weit auswärts liegenden Wiesen oft zwei Wägen hintereinander. Dabei steckte die *Deixl* des hinteren Fuders weit im Heu des vorderen und gab damit dem rückwärtigen Wagen die Führung. Tagelang konnte man auf den staubigen Feldwegen die hochaufgetürmten, schwankenden Fuhrwerke *huawordds* fahren sehen, bis auch der letzte Halm zusammengerecht war und sich das Stadeltor hinter dem letzten Fuder geschlossen hatte. Dann waren sich die Menschen erst bewußt, daß es für dieses Jahr wieder einmal geschafft war. Der volle *Haischdaal* sicherte im kommenden Winter das Futter für die Tiere.

Erntezeit: Tagelang „Kardofflklauwa" in gebückter Haltung

Das Kartoffelfeld wurde, anders als beim Getreide, mit einem speziellen doppelseitigen Pflug geackert. Die *Schdranga* mußten ja stehenbleiben, sie wurden nicht mit der Egge eingeebnet. In diese Furchen streute man Mist, der für ein ausreichendes Wachstum in großen Mengen nötig war.

Bei dieser Arbeit war Schnelligkeit gefordert, damit die Feuchtigkeit im Mist nicht austrocknete und die Kartoffeln gleich austreiben ließ, auch wenn es nicht so bald regnen wollte.

In kurzen Abständen legte man darauf die *Sommkardoffel*. Sie waren sorgfältig ausgeklaubt worden, die größeren zudem noch auseinandergeschnitten, weil normalerweise ein Auge genügte, um einen Trieb zu erzeugen und einen *Schdouk* wachsen zu lassen. So einfach und leicht das *Kardoffellejga* aussah, so mühevoll und ermüdend war es, den ganzen Tag mit einem Henkelkorb, der *ums Varecka* nicht leichter wurde, über den Acker zu gehen und in gebückter Haltung die Kartoffeln zwischen die *Biefäng* zu legen. Noch dazu, wenn am Ende des Ackers der Knecht darauf wartete, daß er die *Schdranga* zuackern konnte indem er sie in der Mitte zerteilte und so über den Saatkartoffeln ein spitzes Hügelbeet errichtete.

Anschließend fuhr er noch mit der leichten *Schdreichegga* über den Acker

Für die Schweine wurden die Kartoffeln gekocht. Dazu kam der Kartoffeldämpfer auf den Hof

und nahm den Biefängen die Spitze, damit das Kraut einen kürzeren Weg an die Sonne hatte.

Bis zur Ernte ließ der Kartoffelacker den Menschen keine Ruhe. Wenn das Kraut etwa 20 cm hoch gewachsen war, fuhr der Knecht mit dem Pflug durch die Reihen zum *Anruana*. Dabei pflügte er das an den Rändern der Biefänge gewachsene Unkraut weg. Zwischen den Stauden mußte mit der Hand gehackt werden. Anschließend wurde das weggepflügte Erdreich wieder *aufgäckerd*, damit die wachsenden Kartoffeln nicht plötzlich „im Freien" standen. Wenn das Sommerwetter es gut mit den Bauern gemeint hatte, wurden die Kartoffeln schon Mitte September reif; verfärbte sich das Kraut grau und schwarz, wußte man, daß die Zeit fürs *Kardofflklauwa* gekommen war.

Ausgerüstet mit *Weidakreddsa*, in denen ein halber Zentner Kartoffeln Platz fand, rückte die ganze Familie mit allen Dienstboten aufs Feld und erntete die begehrte Hackfrucht. In früheren Zeiten wurden die Kartoffelstöcke mit Gabeln herausgestochen, später mit dem Doppelkopfpflug, der die *Schdranga* in der Mitte teilte und so die Kartoffeln an die Oberfläche wühlte. In neuerer Zeit kam der *Rouder*, der die Arbeit zusätzlich erleichterte, weil er die Erde wegschleudern konnte, die sonst einen Teil der Früchte zugedeckt hatte. Nach dem Ausackern begannen für die Kartoffelklauber harte Arbeitstage. Wenn der Korb sich langsam füllte, die *Klauwer* den ganzen Tag in ihrer typischen, gebückten Haltung Kartoffel um Kartoffel aufhoben und hineinwarfen, Korb um Korb zum bereitstehenden Wagen geschleppt wurde und Wagen für Wagen heimgefahren wurde, dann machte sich dieser Arbeitsprozeß schon nach ein paar Stunden im *Buggl* und in den Händen und Füßen bemerkbar. Wie gut war da jede Pause, jedes Sichstrecken und vor allem das Ende des Arbeitstages, wenn man sich die *Koadbaddsa* von den Gliedern waschen konnte und die Füße in das *Wasserschäffla* tauchen durfte.

Blaublühender Flachs wurde zu blendend weißem Leinen

Ein heute nicht mehr ausgeübter, früher jedoch recht wichtiger Teil der Feldbestellung war der Anbau von *Lein*. Große Leinenballen, die heute noch in den Museen in Aussteuerkisten zu besichtigen sind, waren Hauptanteil der Mitgift bei der Heirat von Bauerntöchtern. Lein ist ausnahmslos auf den Feldern der Bauern gewachsen und in ihren Häusern verarbeitet worden. Es war eine Heidenarbeit, bis aus der Pflanze mit der typischen blauen Blüte der strahlend weiße Leinenstoff geworden war.

Dabei war die Ernte, das *Hoorejnfanga*, noch die einfachste und schnellste Tätigkeit. Die Pflanzen wurden mit der Wurzel aus dem Boden gerissen und auf den Wagen geworfen. Erst daheim, auf der Tenne, begann die eigentliche Verarbeitung. Zuerst wurden die Pflanzen zu Büscheln zusammengefaßt und *kriffld*. Dabei zog man das Flachsstroh durch Eisenkämme, bis die *Hoorbolla*, die Samenkapseln des Leins, vom Stroh getrennt waren. Anschließend warf man ihn in die *Reaschd*. Der Flachs mußte dort in stehendem Wasser so lange liegen bleiben, bis er zu faulen begann, erst dann war er geschmeidig und biegsam genug, um ein *guads Duach* zu ergeben. Die Feuchtigkeit im Stroh wurde beim anschließenden *Darra* entzogen. Normalerweise fand dies in einer speziell für diesen Zweck ausgehobenen Grube statt. Darin brannte ganz unten ein Feuer, während darüber, auf einem Rost, das Flachsstroh trocknete. Auf manchen Höfen führte man diese Prozedur einfacher durch: Das Stroh trocknete im *Bachoufa* nachdem das Brot herausgenommen worden war. Diese Methode war streng verboten wegen der daraus entstehenden Feuergefahr.

Ein streitsüchtiger Bauer, der mit seiner Frau nicht immer gut auskam, hat sie wegen dieses Vergehens angezeigt. Aber bis es zur Gerichtsverhandlung kam, waren beide schon wieder gut miteinander. Der Richter hatte ein Einsehen und verurteilte die Frau nicht zur Höchststrafe von 50 Gulden, sondern ließ es bei 10 Gulden bewenden. Der Bauer zog seinen Geldbeutel heraus, zahlte anstandslos die Strafe und sagte zu seiner Frau:

„Siegsch Nandl, du kaasch mer dankbar sej, wia leicht hätt die dejs 50 Gulda koschda kinna."

Der nächste Arbeitsgang bei der Flachsverarbeitung war das *Breacha*: Dem Flachs wurden die Hülsen entfernt. Diese holzigen Teile nannte man *Aga*, sie waren zur Stoffherstellung ungeeignet. Als Arbeitsgerät diente dafür der sogenannte *Breachschdual*, ein hölzerner Bock mit ineinandergreifenden Leisten, die den spröden Mantel des Flachsstrohs zerbrechen und abfallen ließen. Wenn noch einzelne Reste von *Aga* am Flachs hängengeblieben waren, fielen diese beim darauffolgenden *Schwinga* ab. Jetzt war das Produkt bereits geschmeidig. Um ihn völlig sauber zu machen, schlug man den Flachs über ein scharfkantiges Brett oder bearbeitete ihn mit dem *Schwingscheitla* solange, bis er sich mild und weich anfühlte. Erst dann konnte man ihn durch den *Hoorigl*, die Hechel, ziehen, um den groben vom feinen Flachs zu trennen. Die beliebteste Arbeit bei der Leinenherstellung war das nun folgende Spinnen.

Die Mädchen und Frauen begaben sich jeden Tag nach Feierabend auf die *Rokkaroas*. Reihum ging man täglich auf einen anderen Hof in *d'Gungl* und verarbeitete den Werg zu Fäden. Auch die Burschen fanden sich nach und nach ein. Oft genug ließen sich die *Weisbüder* überreden, die Arbeit stehen zu lassen und beim Tanzen, Singen oder Erzählen von Geistergeschichten einen lustigen Abend zu verbringen. Vom Staat verboten, hielt sich der Brauch dieser Zusammenkünfte trotzdem auf den Dörfern. Nachdem Baumwolle und andere billige Stoffe ihren Einzug hielten, verkaufte man den Flachs zunächst noch an Leinwandfabriken, später gaben die Bauern den Leinanbau ganz auf.

Den gesponnenen Flachs brachte man zum Weber. In jedem Dorf gab es früher einen dieser Zunft, der den gesamten Flachs in der Gemeinde zum Endprodukt, dem *wurkiga Duach*, verarbeitete. Aus den gröberen Fäden fertigte er Stoff für Säcke, Arbeitskleidung und *Warchtafurta*, die feineren Fäden ergaben die richtige Leinwand, den Stoff für *Hemmadar*, Blusen, Feiertagsschürzen und *Bettgwand*. Bevor die Näherin sich an ihre Arbeit machte, kam der Stoff auf *d'Bloach*. Das bisher graue *Duach* wurde auf der Wiese unter der Einwirkung von Sonne und Gießwasser zum leuchtend weißen Leinen.

Wia mr Bounza machd

Do brauchd mr z'erschd amö uanahalb Pfund Meal. Dejs duad ma an a Doagschissl nej und riard an d'Midd aus an halwa Bäckla Heffa, a bißla an Zuckr und ara kluana Tass lauwarma Mülli a Hejfala nej. Dejs muas nocher a Zeidlang ganga, bis's an Gubfa machd. Um an Schisslrand rum kimbb nou a bißla a Salz. Dawal machd mar ungfehr an halwa Liddr Mülli warm, bals as leidd, ka mr do o a Oa und an bißla an Romm nejdua. Dejs schidd ma nocher ums Hejfala rum und riard alls zejma. Bessr isch' bal mr d'Hand nimmb und den Doag riachddi knejdd. Wenn ar a bißla gladd woara isch, no deckd man zua und loßdn a zejcha Minudda schdanda. Nochher ka mrn ejschlaaga. Do muas ma sie gscheid blooga dabei, no weard dr Doag fej und machd Bloodara. Bal dejs vabei isch no wüüs dr Doag schia warm haawa. Ma deckdn mid an sauwara Duach zua und schdölld'n an a warms Bläddzla na. Do loßd man ganga, bis ar zwoamö sou groas und schia woach woara isch.

Bal mar iads d'Bounza rausmachd, no muas ma ouwachd gejwa, daß an dr Kucha dinn schia warm isch und id ziachd. Dejs vardragg dr Doag ums Varecka id.

Aufs Noulbrejdd schdreed mar a Meal na und doald nocher an Doag auf zejcha Baddsa auf. Dej dreed ma schia raus, bis's ganz gladd sen und loßds aufn Noulbrejdd nou a bißla ganga, bis's a sie wiedr ganz woach anglanga.

Wer a Bounzapfanna hod, nimmb dej, es duads awer o a guader groaßer Deegl, und machd do dinna id ganz a halwads Pfund Buddrschmalz warm, duad drei achddl Liddr warms Wassr darzua. Do legg ma nocher d'Bounza nej und deckd dr Haafa guad zua.

Aufn Herd brauchd mr a middlera Hitz, liawer a bißla wianigr als wia z'vüü. Nochera sou a halwa Schdund muas mr ouwachd gejwa, do fangas z'kracha a und sen forddi. Und daß mr unddern Kocha ja bloas kuar an Deckl aufhebb, wal sonschd fallas nej und sejcha nix mehr gleich. Bal mr dar Haafa nochn Kocha a Schduckara zejcha Minudda auf a kalds Pflaschdr naschdölld, no ganga d'Bounza leichddr raus.

Zu die Bounza bassd als Voarrichd am beschdda a Apflreaschdr oudr a Hollerreaschdr. Manchi Leid essas o mid an Kraud oudr an Koraawigmias.

Bals ban erschdda Möö nou nix gscheids id woara sen, no muas mrs gei wiedr browiera, wal, je efdrs daß mrs machd, umsou bessr weras.

Mahlzeid!

Lechrainer Wortschatzsammlung

Wia ma hald so rejd
ba ins dahuan

Die folgende Wortschatzsammlung mit gebräuchlichen Begriffen, Redensarten und Ausdrücken soll kein Nachschlagewerk für den Fremden sein, der des Lechrainischen nicht mächtig ist.

Denn erstens ist diese Wortsammlung kein systematisches Lexikon, das alle Bereiche der gesprochenen und geschriebenen Sprache abdeckt und somit über jede Nachfrage Auskunft gibt. Sie versucht vielmehr, wie schon in den vorhergehenden Seiten, die Besonderheiten des Lechrainischen herauszustellen.

Zum zweiten sollen vornehmlich solche Wörter dargestellt werden, die sich im täglichen Sprachgebrauch allmählich verlieren und auf diese Weise zumindest schriftlich konserviert werden können.

Ein drittes Kriterium für die Auswahl ist, daß die Wörter in ihrer Bedeutung typisch für die Menschen am Lech sind und deren Originalität unterstreichen.

A

abassa

abpassen, auf jemanden warten, jemanden abfangen. – Ein junger Mann kann nach dem Gottesdienst seinen Schatz *abassa*, aber auch in der Nacht einen Rivalen. Eine Mutter, die in Sorge um ihre beim Tanz weilenden Töchter die halbe Nacht wach liegt, will die jungen Damen *abassa*, um ihnen am nächsten Tag auf die Minute genau sagen zu können, wie spät sie wieder nach Hause gekommen sind.

Afddrmejdda

Dienstag. – Ein sehr altes Kennwort, das zur Zeit der Christianisierung in der Diözese Augsburg eingeführt wurde, um die Erinnerung an den in „Dienstag" erwähnten heidnischen Gott Ziu zu tilgen.

ahejwa

allmählich, mit der Zeit, in letzter Zeit. – *„Du kimmsch mer ahejwa z'oft daher"* heißt, daß der Angesprochene in letzter Zeit etwas zu oft die Gastfreundschaft des Sprechers ausgenützt hat.

akejma

1. loskommen, freikommen. Beim Stallvieh verwendet. – *„Dr Schdier isch akejma"* war ein Alarmsignal, das sämtliche Hofbewohner in Angst und Schrecken versetzte.
2. unüblich werden, nicht mehr verwendet werden. – Nach dem zweiten Weltkrieg sind die Pferde auf den Bauernhöfen mit der Zeit *akejma*.

allboud

oft, oftmals, zu jeder passenden und unpassenden Gelegenheit. – *„Di aldda Weiwer miaßa allboud zum Heara loffa"*, beklagte man sich, wenn die Dorfratschen dem Pfarrer alle Gerüchte in der Gemeinde zutrugen.

altflengglerisch

altmodisch. – Kommt möglicherweise von „altfränkisch" und bezeichnet die schlechten Seiten des Althergebrachten. Jemand, der aus Sturheit an alten Methoden und Dingen festhält, wird als *altflengglerisch* bezeichnet.

amendd

etwa, vielleicht, gar. – *„Isch er amendd gar idd sou krank, als wia er duad"*, fragt man sich von einem Simulanten.

amords

irgendwo. – Die Bäuerin sucht ganz verzweifelt ihren vierjährigen Sohn: *„Der muaß doch amords sej, krad voaring hou i'n nou gsejcha."*

Antloß	Ablaß, Erlaß von Sünden, kommt vielleicht von Entlaß. — An Fronleichnam begann die *Antloßwoch*, in der bei regelmäßigem Gottesdienstbesuch und Teilnahme an zahlreichen Gebetsstunden ein vollkommener Ablaß aller Sündenstrafen erlangt werden konnte.
anuas	uneins, zerstritten. — Zwei Nachbarn, die nicht miteinander auskommen, sind *anuas*. Der Ehemann, der zu spät in der Nacht heimkommt, ist *anuas* mit seiner Frau.
Argl	Kirchenorgel — Der Organist hat zu früheren Zeiten die Orgel nicht „gespielt". Wegen der schwergängigen Mechanik älterer Instrumente hat sich der Ausdruck „*d'Argl schlaga*" entwickelt. Ältere Organisten erzählen heute noch, daß Orgelmusik auch mit erheblichem Kraftaufwand verbunden war. — Das Treten des Blasebalges, meist von einem Ministranten besorgt, hieß „*d'Argl aufziacha*".
Aufhejwad	Richtfest nach der Fertigstellung des Dachstuhles beim Hausbau, auch *Hejbauf* genannt, meist mit einer kleinen Anerkennung für die Handwerker verbunden.
aufmandla	sich groß machen, sich gegen jemand größeren stellen. — Der Sechstkläßler sagt zum Viertkläßler: „*Megsch di aufmandla?*"
ausbrenna	Verwendet für ein sehr starkes Abendrot. — Sprichwort: „*D'Sunna brennt si aus.*"
aus der weis	außergewöhnlich, außerhalb der Regel. — „*Dar Sebb ka saufa, dejs isch ganz aus der weis*", sagte man von einem, der erstaunlich viel vertragen konnte.
ausgschembb	unverschämt, schamlos. — Über einen unverschämten Menschen: „*Dejs isch dar doch a Laggl, a ganz an ausgschembbar.*"
ausgschweara	eitern, bei Wunden. — „*Bals ausgschweard isch, no hoalds.*"
Awand	Längsseite des Ackers, des Feldes. Die Grenze, an der ein anderes Stück Land begann. Einen Bauern, der mit seinen Zugtieren keine Geduld hatte, konnte man „*iwer siewa Awanda na*" fluchen hören.

B

baidda

verborgen, verleihen, ausleihen. − Kann nur in eine Richtung verwendet werden. Nur derjenige, der einem anderen etwas leiht, ist der aktive Teil: *„Kunndsch mar id dei Rous baidda, s'mei isch heid nachd vareckd."*

bal

1. wenn, falls. *„Balsch kimmsch, no kriagsch a Fuchzgarla."*
2. sobald. *„Balsch midn Xoudschneida forddi bisch, no geasch an Schdall."*
3. beinahe, fast. *„Voar lauddar Aufregung hedd i bal mein Nama nimmer gwißd."*
4. bald, demnächst. *„I kimm bal amö varbei."*

Balg

Tierfell − Redensart: *„Dear schindd d'Laus an Balg"* soll heißen, wegen eines geringen Vorteils viel Drumherum machen.

baua

In der Landwirtschaft das Bebauen des Landes, das Anbauen von Feldfrüchten. − Wenn man von den Fähigkeiten eines Bauern beeindruckt war, dann sagte man: *„Dear baud guad."*
Die Saat ebenso wie die Arbeit mit Pflug und Egge hieß früher wie heute *s'Anbaua.* Wenn im Herbst die Feldbestellung abgeschlossen war, dann war endlich *zuabaud.*

Bear

Eber, männliches Schwein zur Zucht. − Wenige Bauern hatten einen eigenen *Bear.* Die Landwirte konnten ihre *Loasa* gegen Gebühr *zuadreiwa* und sie decken lassen.

Bearaheckl

Eingewachsener Schmutz in der Haut, der durch Waschen nicht mehr zu entfernen war. Entstand bei tagelanger Arbeit in der Erde, z.B. Kartoffelklauben, *Sauriabschdubfa* oder Rübenhacken, und verschwand erst wieder, wenn sich die Haut an dieser Stelle erneuert hatte. Bevorzugte Körperteile, die davon befallen wurden, waren die Füße, Knie, Ellenbogen und Hände.

beas

1. böse, ungezogen. *„A beass Wei, beasi Kinder."*
2. krank, schmerzhaft, nur in Verbindung mit Körperteilen. *„I hou an beasa Fuaß."*

Beeds	breiige Masse, nasse Erde. − Es gehört zur Jugenderinnerung von unzähligen Menschen, daß nach einem Gewitterregen auf dem Acker der *Beeds* sich zwischen den Zehen durchdrückte. Nach zuverlässigen Aussagen ist dies ein unbeschreiblich angenehmes Gefühl.
Beggwand	Aussteuer, die Wäsche, die eine Braut mit in die Ehe brachte. − Am Hochzeitstag durften weibliche Gäste in die Schlafkammer der Jungvermählten zum *Beggwandschauga* kommen. Dabei wurde begutachtet, ob die Braut ordentliche Stickereien auf ihrer Wäsche angebracht und wieviel Aussteuer sie mitgebracht hatte, ob das Leinen von guter Qualität war.
Beggl	Leichte Gesundheitsschädigung, oft infolge einer vorausgegangenen schweren Krankheit. Manche Veteranen haben noch immer einen *Beggl* von den Krankheiten, an denen sie während ihrer Kriegsgefangenschaft litten.
Beiss	Juckreiz, Ausschlag. − *„I hou sou an Beiss, i kunnt mi an ganza Daag kratza.“*
Bejdleidda	Gebetläuten, das Beginn und Ende eines Tages anzeigte. − Nach dem abendlichen *Bejdleidda* hatten Kinder nichts mehr auf der Straße zu suchen.
Biaschdmülli	Biestmilch, die erste Milch, die eine Kuh nach dem Kalben gibt. Sehr fettreich und mit Nährstoffen überladen, so daß sie für den menschlichen Genuß nicht geeignet ist.
Bießgurra	zänkisches Weib, unverträgliche Ehefrau. − Gurre = Mähre. Der Ausdruck ist wahrscheinlich aus dem Tierreich auf den Menschen übertragen worden.
Binggl	Beule, Schwellung. − Kann sowohl krankheitsbedingt (wildes Fleisch, Wucherung) als auch durch äußere Einwirkung hervorgerufen sein (Maßkrug, Zaunlatte, Faust). Sehr „beliebt“ bei den Pfarrern war die Kopfnuß als Züchtigungsmittel im Religionsunterricht. Sie hinterließ ihre Spuren ebenfalls in Form eines *Binggls*.

Blaacha	Plane, großes Tuch, meist zum Abdecken bei Regen verwendet. *Rejgablaacha*, Segeltuch, mit Teer imprägniert. Ungern gesehen waren im Dorf die *Blaachawägler*, wie man die Zigeuner, Scherenschleifer und anderes fahrende Volk nannte.
Bleek	herausgestreckte Zunge. — Der Franzl *verklebberd* seinen Mitschüler: *„Herr Lehrer, jedsmö wenn sie weckschauga, nocher machd iana der Schorschl a Bleek.“*
Bleewl	Bleistift, der früher übliche *Dindablei*. Ein Tintenbleistift, der sowohl auf Papier wie auch auf Hemden und Hosen absolut dokumentenecht war und nie wieder auszuwaschen war.
Bleddsa	der, Wundschorf, Hautfleck. — In Schmellers „Bayerisches Wörterbuch“ ist unter „Pletz, Pletzen“ dokumentiert, daß dieses Wort früher einen größeren Bedeutungsspielraum hatte. Es war auch anwendbar für Stoffflecken, Lumpen und Lappen.
blob	blau. — *„Dear Schurz isch blob“*, aber: *„A blowar Schurz.“*
Boarkurcha	die, Empore in der Kirche. — Wie überall in den Kirchen waren die Plätze auch auf der *Boarkurcha* fest an die einzelnen Höfe vergeben. Hier saßen die Knechte und Bauernsöhne, Frauen hatten dort nichts zu suchen. (Siehe auch unter *Bruschdbomm*).
Boara	die, Bayern. — Der Ostwind hieß *Boarwind*, d. h. „Bayerwind“.
Boarza	der, Reisigbündel. — Zum *ejkendda,* zum Anzünden des Herdfeuers wurden die trockenen, zu *Boarza* gebundenen Fichten- und Tannenzweige verwendet. Sie ergaben die schnelle Hitze, die zum Entzünden des Holzes nötig war. Ein Obstgartenbesitzer, der sich in der Baumschule einen Kirschbaumsetzling gekauft hat und diesen gerade einsetzt, wird von seinem Nachbarn geneckt: *„Was wüsch denn mit dem Boarzabriegala, dejs wagsd der ja doch id a.“* Die dickeren Zweige aus den *Boarza* sparte man sich fürs *Kiachlaholz*. Damit ließ sich eine gleichmäßige und trotzdem hohe Temperatur erreichen, die beim *Kiachlabacha* unbedingt nötig war.

boaschdi	widerspenstig, halsstarrig. Dieser Ausdruck wurde sowohl für Menschen wie auch für Tiere verwendet. − *„Du boaschdiger Kribbl, gei kimm i min Oxafiesl."*
Boora	der, Futterrinne für das Großvieh. Er bestand aus dem gemauerten Unterbau und der tönernen Rinne *(Booraschall)*, aus der die Tiere fraßen.
Boodr	der, Rosenkranzkette. − Wahrscheinlich von Paternoster = Vaterunser. Dafür spricht auch, daß das Schwäbische alle beiden Wortteile zu Bezeichnungen dieses Gebetsmittels gemacht hat: Rosenkranz heißt dort nämlich sowohl *Bauddr* wie auch *Nuschdr*.
bousidief	unbedingt, auf jeden Fall, positiv. − *„Der Bua wü bousidief idd an d'Schual ganga."*
Bounza	die, Dampfnudel. − Heutzutage eine beliebte Nachspeise, meist mit der stillosen Vanillesoße serviert. Früher eine alltägliche Hauptspeise, zu der es abwechselnd Kraut, Kohlrabigemüse oder *Hollerreaschder* gab.
	Die Zubereitung dieser Spezialität erforderte großes Geschick und Gefühl, denn die *Bounzapfanna*, ein Messingtopf mit Holzdeckel, durfte während des Herausbackens nicht geöffnet werden. Die Nudeln fielen beim geringsten Luftzug in sich zusammen und die Bäuerin mußte sich von den Essern anhören, daß sie wohl mit einem Mädchen schwanger ginge. Ein solches Mißgeschick beim Bounzamacha war ein untrügliches Zeichen dafür, daß weiblicher Nachwuchs unterwegs war.
	(Siehe Rezept „Wia mr Bounza macht" auf Seite 89)
Breedscha	die, 1. Ohrfeige, Watsche. − *„Gei fangsch a Breedscha",* drohte man einem ungezogenen Kind.
	2. Schlaginstrument. − *Mieschdbreedscha:* ein Brett, mit dem der Mist auf dem Wagen glattgeklopft wurde, damit er sich durch das Rütteln des Wagens nicht lockerte und auf die Straße fiel.
	3. *Fliegabreedscha:* Gerät zur Abwehr von Stubenfliegen, die in alten Bauernhäusern sehr häufig vorkamen.

Brejma	Bremse, Roßbremse, lästiges Insekt, das vor allem im Sommer die Pferde zur Verzweiflung brachte.
bremsla	verbrannt riechen, nach Rauch riechen. – *„I gloub, do bremslds vu dr Kucha raus."*
Brooch	die, Brache, Zustand eines unbebauten Feldes. – *„Dr Acker ligg an dr Brooch."* Wurde auch als Flurname verwendet.
brougla	angeben, sich brüsten, seinen Besitz herzeigen. – Zu dem Bauern, der voller Stolz sein neues Wagenpferd herumführt: *„Do braugsch di idd a sou brougla mid dein Heidder."* Ein altes Weiblein, das vom *Huagordda* bei der Nachbarin heimkommt: *„A sou a Brougl, sogar an eachda Bounakafee hodds gejwa."*
Brounz	der, Kröte. – Viele Frauen opferten an den Wallfahrtsorten Nachbildungen dieser Tiere aus Wachs oder Eisen, um sich gegen Unfruchtbarkeit zu wappnen. Die geradezu phänomenale Fruchtbarkeit der Kröte galt als hilfreich in diesem Anliegen.
Bruschdbomm	Vorderer Abschluß der Empore in der Kirche, meist mit eisernen Stangen in die einzelnen Plätze aufgeteilt. Ein Platz am *Bruschdbomm* gebührte nur den Söhnen oder Knechten der größten Bauern.
Buuda	der, Rucksack mit Tragegestell und vielen Fächern, von den fahrenden Händlern zum Transport ihrer Waren benützt.

D

Dachl	die, Dohle, früher bei uns noch häufiger Vogel. Er hat sich inzwischen in gebirgigere Gegenden zurückgezogen.
Daichl	die, hölzerne Wasserrinne, offene Wasserleitung. – Wer das Glück hatte, in der Nähe einer Quelle zu wohnen, der konnte sich das Wasser mittels dieser Vorrichtung ins Haus holen, ohne wegen jedem Kübel zum Brunnen laufen zu müssen. In manchen Häusern ließ man das Wasser in der Küche in einen *Grand* fließen, der seinen Überlauf anschließend wieder ins Freie abgab.

Dalla	Beule, Vertiefung in formbarem Material, z.B. im blechernen Milchkübel, im neuen Auto, aber auch im Mehl auf dem Nudelbrett, um s' *Hejfala* (die mit Wasser und Zucker angemachte Hefe) aufzunehmen.
Dangl	der, Sensenschärfe, dünngeklopfter Schnittrand der Sense, erleichterte das Wetzen. − Über das richtige *Dangla*: „*Wennsch z'wiani danglsch no schneids idd, danglsch z'vü no gibbs Bloodera am Blejch.*"
Daufl	die, Faßdaube, Flügel am Windrad, Schaufel am Wasserrad der Mühle.
Daura	der, Ekel, Grausen, Abneigung. − Manche Menschen haben vor dem Zahnarzt einen *Daura*, andere vor dem Stallgeruch. Ein junges Mädchen hat ihn womöglich vor einem ungewaschenen Verehrer, abergläubische Menschen vor einer als Druud verschrienen Frau.
deari	taub, schwerhörig. − Der Schuster Hofmann aus Mering, ein überall im Umland bekanntes Original, war *deari*. Von ihm wird folgende Geschichte erzählt. Er fuhr eines Tages mit einem Bekannten in die Bodenseegegend, um Äpfel zu kaufen, die dort in großen Mengen wachsen und auch billiger sind wie bei uns. Die zwei kamen an einen großen Bauernhof, bewunderten diesen von außen und gingen schließlich hinein, um nach Äpfeln zu fragen. In der großen Stube war jedoch niemand anwesend. Der Hoffmann Luggi, neugierig wie er war, sah sich in der ganzen Stube um und gab dann sein Urteil ab: „*A groaßer Houf, außa schia und inna drejki.*" Und das wiederholte er mehrmals, während er die Stubeneinrichtung begutachtete. Plötzlich trat ihm sein Begleiter mit aller Kraft auf den Fuß. Da schimpfte der Hoffmann: „*Maulaff, was dappsch mer'n auf d' Zeacha nauf.*" Erst anschließend merkte er, daß die Bäuerin während der ganzen Zeit schon neben ihm stand und seinem Gerede zuhörte.
dengerschd	dennoch, dann doch. − „*D'Liab, meini liawa Leid, isch dengerschd a reachda Freid.*"

Denggaweetsch	das, Linkshänder. − Hierin hat sich bis heute das früher recht gebräuchliche Wort *dengg* für links erhalten. In einer alten Bibelübersetzung heißt es: „Ein gesell des schachers, der dem herrn an der tennkenn seitten hieng…" Die Aderlaßregeln des Schulmeisters Hueber aus dem Jahr 1477 gebieten: „Ir solt wißen und mergken, das man in dem lentzen und in dem sumer auf der rechten hant und auf dem rechten arm und an der rechten seiten, in dem herbst und in dem wintter sol man lassen auf der tencken seitenn an dem tencken arm und an der tenken hant."
Deewurm	der, Frostbeulen, eine früher aufgrund mangelhafter Kleidung im Winter oft vorkommende Krankheit.
Dexala	das, Wacholderstaude. − In den Lechauen häufiges Gewächs, kommt oft in seegrasbewachsenen Lichtungen vor.
Diaschboudd	der, Dienstbote, Lohnarbeiter auf den Bauernhöfen, jeweils für ein ganzes Jahr fest eingestellt. Die Bezeichnung *Diaschboudd* wurde überwiegend von den Bauersleuten verwendet, während sich die Dienstboten selbst lieber als *Eahaldda* bezeichneten.
diamö	manchmal, manches Mal, hie und da, mehrmals. Der Ausdruck ist nur in der Form *a diamö* möglich. *„A diamö isch er schleachd aufglegg, a diamo guad."* − *„Dr Waagaschmierhuusierer kimmp jeds Johr a diamö."*
Dockl	die, Kinderpuppe, von althochdeutsch *tocka*, der Strang, das Wollknäuel (daraus wurden die Puppen gefertigt). Zu einem eitlen Mädchen: *„Hearkriachdd bisch als wia a Dockl."* In etwas jüngerer Vergangenheit nannte man die Spielpuppen auch *Grell*, von Gretel, Margarete.
Doudla	das, Patin. − *S'Furmdoudla* war die Firmpatin, den Paten nannte man *Dejd*.
dousa	horchen, zuhören. − Der Bauer abends in der Stube: *„Dous amö, i mua do blarrd a Kua am Schdall dend."* *Dousoarad* = schwerhörig

Dox	das, Nadelholzzweige, -äste. − Es wurde noch grün als Abdeckung für Gartenbeete, als Material für Schmuckgirlanden, aber auch bei Strohmangel als Streu im Stall verwendet.
Drack	der, böse, zänkische Frau, seltener: ein gerissener, raffinierter Mann. Von mittelhochdeutsch *trache*, lateinisch *draco* (Feldzeichen des römischen Heeres).
Drank	der, Trank, nährstoffreiches Flüssigfutter. − Schweine und Kälber wurden vorwiegend mit dem *Drank* aufgezogen. Kühe bekamen nach dem Kalben als Belohnung und zur Stärkung ebenfalls einen Eimer mit *Drank*.
Dreißger	der, Hohlmaß für lose Lebensmittel wie Mehl, Grieß, Gerste u. ä. − Der Inhalt schwankte zwischen einem und zwei Pfund.
Drejk	der, Dreck, Schmutz. − Wenn jemand sehr schlecht aufgelegt war, sagte man: *„Dear isch drejkläschdi."*
	Der Meringer Baron hatte eine im ganzen Umkreis bekannte Brauerei. Sein Bier war das in den umliegenden Dörfern am meisten getrunkene. Eines Nachmittags kam er in seinem Biergarten ins Gespräch mit einem jungen Mann, von dem er wußte, daß er einer seiner Bedienungen nachstieg. Leutselig fragte ihn der Baron: „Na Felix, bist du der Resi schon einen Schritt nähergekommen", worauf dieser erwiderte: *„Wissas was, Herr Barou, macha Sie a gscheids Bier, des ander gead iana an Scheißdrejk a."*
dretza	necken, ärgern, foppen, hänseln. − Warnung an ein Kind: *„Dua an Hund id dretza, sonschd beißd er di."*
driala	sabbern, kleckern, sich beim Essen beflecken, auch: Flüssigkeit verschütten. − Ein schlechter Kellner *driald* die Soße vom Schweinsbraten hinter sich nach. Kindern wurde früher beim Essen ein *Drialhader* umgehängt.
Drieb	der, Karussell, aus einer aufrecht gestellten Wagenachse und einer langen Leiter zusammengebaut, an Kirchweih aufgestellt zur Belustigung für Kinder und junger Leute.

Drool	der, Windhose, auch *Gäschbala* genannt. − Der hölzerne Kreisel, der mit einer Peitsche angetrieben wurde, hieß *Drooler*.

E

Eabber	die, Erdbeere, beliebte Sommerfrucht in den Gärten der jüngeren Zeit, früher nicht verbreitet. Als diese Früchte erstmals gepflanzt wurden, nannte man sie fälschlicherweise Ananas. Wahrscheinlich kannte noch kein Mensch auf dem Land diese exotischen Früchte.
ead	langweilig, lästig, zuwider. − *„Dejs isch der doch a eader Siach"*, sagte man von einem temperamentlosen Gesellen. Auch Verzweiflung wurde mit diesem Wort ausgedrückt. Wenn die Frau gestorben war: *„Mi isch alls ead, seiddem mei Wei nimmer isch."*
ebbas, ebber	etwas, was, jemand. − *„Ebbas Schians, ebbas Guads. − Do hod ebber an d'Dier naklobfd."* *Ebber* heißt aber auch etwa wie: *„Hosch ebber an Hunger?"* Darum können daraus auch Sätze entstehen wie der folgende: *„Hodd dar ebber ebber ebbas dou?"* − „Hat dir vielleicht jemand etwas getan?"
Egg	1. das, Ecke, Kante (des Tisches) − *„Hejd gibbs nix z'Essa, hejd kasch der s'Maul ans Dieschegg nahaua."* 2. die, weibliches Schaf nach dem ersten Lammen.
Ehr aufhejwa	Ehre aufheben, einheimsen, sich beliebt machen. − Die Redensart kann aber auch genau das Gegenteil ausdrücken. Wenn ein Kleinhäuslerssohn um die Hand einer Großbauerntochter anhielt, dann konnte es vorkommen, daß man im Dorf von ihm sagte: *„Dear hod an Ehr aufghebb, als wia a Loas mid uan Feckla, und dejs nou varflackd."* Von den Mutterschweinen erwartete man nämlich mindestens einen Wurf von einem Dutzend Ferkeln, und vom Hochzeiter einer Großbauerntochter einen angemessenen Besitz.
ejdunka	eintauchen, stippen. − Brot, Zopf, *Rearlanoul, Bacherlin, Kiachlin,* alle diese Gebäcksorten und noch viele mehr wurden in Kaffee, Milch, Suppe, *Hollerreaschder* usw. *ejdunkd.*

Eine beliebte Speise waren die *Bierbrocka:* Brotschnitten, die in dunkles Bier mit Zucker eingeweicht wurden und vor allem den zahnlosen Alten als Zwischenmahlzeit dienten.

ejduusla	einnicken, einschlafen; vornehmlich abends in der Stube wenn es schön warm vom Ofen hergeht. – Die Wirtinnen auf den Dörfern waren früher vielgeplagte Frauen. Sie mußten sich nächtelang vor die *Hockableiwer* in der Wirtschaft hinsetzen, deren Gerede oft bis in die frühen Morgenstunden mitanhören, während der Wirt, der ja gleichzeitig auch der Bauer war, wenigstens in der Nacht seine Ruhe hatte. Da ist es am Sonntag in der Kirche einer Wirtin passiert, daß die Predigt für ihre Müdigkeit nicht mehr ausreichte und sie ihren Schlaf etwas länger ausdehnte. Erst als der Mesner zur Wandlung die Sakristeiglocke zog, fuhr die Wirtin vom Schlaf auf und rief laut und deutlich durch die Kirche: *„Zenzi, an d'Schenk!"*
ejfiara	die Ernte einfahren, der Arbeitsgang vom Aufladen auf dem Feld bis zum Abladen im Hof.
ejgschbrengg	begierig sein auf etwas, sich etwas sehr wünschen, etwas hartnäckig verfolgen.
Ejna, Ejla	der, das. Großvater oder Großmutter, lebte mit auf dem Hof. – Das *Ejla* hatte unter anderem auch die Aufgabe des Kinderhütens. Bei den Kleinen sehr beliebt wegen der schönen Geschichten, die es erzählen konnte.
ejkendda	Feuer im Ofen anmachen, einheizen; von lat. „incendere". – Dies war am Morgen die erste Arbeit, die in der Küche zu verrichten war, damit auf dem Herd das Frühstück gekocht werden konnte. Meist war es eine Milchsuppe oder die heute ganz aus der Mode gekommene Rollgerste.
ejkiia	wiederkäuen.
ejs	ihr, Anrede in der Mehrzahl. – Der Bauer zu seinen Mannsbildern: *„Ejs ganggs hejd an d'Leidda naus zun Daamamäha."* Aber auch der „pluralis majestatis" wurde mit dieser Form ausgedrückt. Eltern, Großeltern und Höhergestellte wurden grundsätzlich mit *Ejs* angesprochen.

Der Richter fragt den Angeklagten, ob er die ausgesprochene Strafe annehmen wolle. Darauf die Antwort: *„Ejs werds dejs scha reachd gmachd hawa, Herr Ambsrichder."*
In den Städten und Marktgemeinden machte man sich mit dem folgenden Spottvers über die *„gschert Baurasprooch"* lustig:
„Ejs und enk, Diesch und Bänk
habbs kuan Schdecka id ba enk."

ejschbeiwa	etwas einreden, von etwas überzeugen. Schmeller erwähnt in seinem „Bayerischen Wörterbuch" den *Speibteufel* und erklärt ihn: Person, die Böses einflüstert, Ohrenbläser. Ein sechsjähriger Junge wird von seiner Mutter zur Rede gestellt, warum er seiner Schwester den Zopf abgeschnitten habe. Dieser schiebt die Schuld auf seinen älteren Bruder: *„Dr Franzl hods mer ejschbiewa."*
ejschdanda	einstehen, Dienst beginnen, sich zur Arbeit melden. – Das Arbeitsjahr endete für die *Mannsbüder* am Stefanstag, für die *Weisbüder* an Lichtmeß. An diesen Terminen konnte der Dienstplatz gewechselt werden. Nach ein paar Tagen *Schlenglweil* mußten die *Eahaldda* beim nächsten Bauern *ejschdanda*, um für das nächste Jahr wieder einen Platz zu haben.
Ejschiir	Heizloch des Herdes, Ofens.
ejsaga	einsagen, zu einem Termin bitten. – Der *Gmuadianer* ging in der Gemeinde herum zum *Schararwad ejsaga*. Der Hochzeitlader, der gleichzeitig die Aufgabe hatte, bei Todesfällen den Angehörigen zu assistieren, mußte bei den Bekannten das *Leichamohl ejsaga*.
ejsuura	pökeln, Fleisch durch Einlegen in Salz und Gewürzen haltbar machen. – Nach dem Schlachten wurde ein Teil des Fleisches frisch gegessen, ein anderer Teil in die *Suur* gelegt und damit konserviert. Es konnte als Suurfleisch solange gegessen werden, bis es die Salzlake, in der es lag, aufgenommen hatte. Dann hing man das Fleisch in die Räucherkammer und machte es damit fast unbegrenzt haltbar.

ejwendi	inwendig, innen. − Die Bäuerin beklagt sich: *„D'Guggaleera-biera sen heir all ejwendi verfauld."*
ejwi	eben, gerade. − Der Knecht schimpft den *Rousbua: „Der Wejg isch doch brejddlaejwi, wia kaasch denn do a Fuawark umwarfa?"* Wer seine Schulden bezahlt hatte, war mit seinem Gläubiger *ejwi*.
enga	im Weg sein, stören. − *„Duasch id gei den Kaschda do weck, siegsch doch, daß er engg."*
erschlings	rückwärts, zurück. − *„Schiabbs dr Waga erschlings an Schdaal nei."* Das Wort ist eine durchaus gesellschaftsfähige Ableitung von *Oosch*.
Escha	die, Asche. − Im Winter verwendete die Bäuerin zum Streuen der vereisten Wege *Escha*. Das *Eschalouch* im Herd wurde mit dem *Flejderwiesch*, einem Gansflügel, gereinigt.
Eselschdeir zahla	Redensart. − Für eine Dummheit oder Ungeschicklichkeit bestraft werden. Wer sich auf den Ast setzt, den er absägen will, zahlt spätestens dann *Eselschdeir*, wenn er unsanft auf dem Boden landet.
Essing	der, Essig. − Ein beliebtes und billiges Erfrischungsgetränk war das *Essingwasser*, aus Wasser, Zucker und Essig zusammengemischt.

F

farblecka	verspotten, hänseln. − *„Der duad o nix anders als wia d'Leid farblecka."* Der Herausgeber der Meringer Zeitung − als dieses Heimatblatt noch existierte − hat einmal die ganze umliegende Gegend *farbleckt*. Nach der Inflationszeit zwischen den Kriegen bewahrten viele Bauern die alten, braunen Tausendmarkscheine weiterhin auf, weil sie hofften, daß die in Wirklichkeit völlig wertlosen Banknoten eines Tages vielleicht doch noch zum alten Kurs aufgewertet würden. Und

wirklich, eines Tages stand in der Meringer Zeitung eine Ankündigung, daß ein Herr Meyer aus Berlin eingetroffen sei und daß dieser morgen in der Gastwirtschaft des Wirts N. bereit sei, die alten Tausender zum vollen Wert einzutauschen. Am nächsten Tag pilgerten Scharen von hoffnungsvollen Inflationsgeldbesitzern nach Mering und fragten beim Wirt nach diesem Herrn Meyer aus Berlin. Der Wirt führte sie zu einer Tür auf der in sauberer Kreideschrift stand: „Annahmestelle zur speziellen Verwendung der alten Tausender − Meyer, Berlin." Spätestens zu diesem Zeitpunkt dämmerte es auch dem letzten Gutgläubigen, daß er nur genarrt worden war. Der Türe sah man nämlich genau an, wohin sie führte. Es war die Toilettentüre, und eine solche Verwendung hatte sich keiner für sein „gutes" Geld vorgestellt.

Fagas	der, Vagabund, Landstreicher. − In den Wirtschaften stand meist im Hausgang ein kleiner Tisch, wo diese umherziehenden Männer saßen. In die Gaststube ließ man sie nicht. Auch die Handwerksburschen mußten ihr Stammgericht, Speisen, die gerade übrig waren, dort verzehren.
Falla	die, Falle, Falltüre. − *Mausfalla, Ratzafalla, Maadrfalla.* Für jede Tierart gab es spezielle, teilweise hochentwickelte Fanggeräte. Die Fallen für den *Scheer,* die *Wualmaus* jedoch hießen *Kriachdlin.* In den oberen Stock eines Bauernhauses gelangte man durch die *Boudafalla;* in den Keller, der meistens unter der Küche lag, durch die *Kealerfalla.*
Farcha	Föhre, Kiefer. − In Egling steht am neuen Friedhof eine Föhrengruppe unter Naturschutz.
farchda	fürchten, scheuen. − *„Sebb, geasch mid mi hua, aluanigs farchd i mi sou",* bettelt die Mari ihren heimlichen Schwarm, während die ganz Wilden behaupten: *„Mi farchda kuan Pfarr und kuan Deifl id."*
fargleichna	zu leihen nehmen, sich etwas ausleihen. − Im Gegensatz zu *baidda* (siehe unter B) wird dieses Wort in die andere Richtung verwendet. Die aktive Rolle beim *fargleichna* spielt der Schuldner.

Farloss	der, Verläßlichkeit, Vertrauenswürdigkeit. – *„Auf di isch hald a Farloss"*, sagt der Wirt zum Betrunkenen. *„Balsch sagsch, dasch an Durschd hosch, no saufsch o deini fuchze Halwi."*
farmarcha	mit Grenzpfählen versehen, abstecken. – Wenn die Bauern die Grenzen ihrer Grundstücke festlegen wollten, dann mußten sie sich, wie übrigens auch heute noch teilweise, an einen Feldgeschworenen wenden, der ihnen die *Marchstuaner* setzte und sie mit geheimen Zeichen versah, damit später festgestellt werden konnte, ob sie versetzt worden waren.
feichdi	fichten, aus Fichtenholz gemacht.
Feichl	die – 1. Feile, Raspelinstrument, 2. Prügel, Schläge. In anbetracht moderner Erziehungsmethoden schüttelt so mancher ältere Mensch den Kopf und sagt: *„Mi hawa hald als Kinder inseri Feichl kriagg."*
Feirdda	der, Feiertag. – Die unter Bismarck abgeschafften Feiertage, die auf dem Land auch weiterhin eingehalten wurden, hießen *Baurafeirdda* oder auch *agschaffdi Feirdda*. Früher hatte man zweierlei gute Kleidung. An normalen Sonntagen trug man das *Sunndagwand*, während zu besonderen Gelegenheiten das *Feirddagwand* aus dem Schrank geholt wurde.
ferloadd	wehleidig, gekränkt. – Zwei Nachbarinnen über eine Bekannte, deren Mann gestorben ist: *„S' ganz Lejwa hodds n' bloas drakdierd, und iatz duats reachd ferloadd."*
Fesa	der, Fesen, Dinkel, Spelzweizen. – Eine der älteren Getreidesorten, die bei uns angepflanzt und kultiviert wurden.
feedscha	verbinden, einen Verband anbringen. – Vom Italienischen/ Latein fascia. Bei einem verstauchten Fuß: *„Den muaß mar feedscha, no werd ar scha wieder."*
Feddna	die, Fett, Fettschicht, Fettaugen. – *„Dej Sau hod a sauwara Feddna"*, war früher eine Äußerung, die Freude über eine gut geratene Mastsau ausdrückte. Heute nimmt kein Metz-

ger mehr ein Schwein, das mehr als zwei Zentner wiegt. Früher mußten die Mastschweine ja gleichzeitig zum Fleisch auch das in großen Mengen benötigte *Schwejfedd* liefern und durften darum auch um einiges schwerer sein.

figgla
reiben, wetzen. – *„Dear Schuach figgld mi auf"*, sagte man, wenn bereits wunde Stellen am Fuß waren.
Wer mit einem schlechten Messer sein Brot herunterschnitt und dazu recht lange brauchte, den beschied man: *„Was figglsch denn sou lang umanand, wetz liawer s'Messer."*

Finschdr
die, Dunkelheit, Nacht. – In der Erntezeit kam es vor, daß die Leute *bis an d'Finschdr nei* arbeiteten.

fierschi
nach vorne, in Richtung vorne. – Frauen, die gerade vom Kindbett aufgestanden waren, mußten die durch Schwangerschaft und Geburt erworbene „Unreinheit" in der Kirche beim *Fierschiganga* wieder ablegen. Dabei segnete der Pfarrer die junge Mutter und nahm sie wieder in den Kreis der Pfarrgemeinde auf. Diese Sitte hielt sich in manchen Orten noch bis in die sechziger Jahre unseres Jahrhunderts.

flacka
liegen, daliegen, breit dranliegen. – Das Wort erfüllt die gleiche Funktion wie *liega*, wird aber eher in derber Umgangssprache verwendet: Der Knecht *flackd* im Bett, das Werkzeug eines schlampigen Handwerkers *flackd* in der Werkstatt verstreut herum, vor der Wirtschaft *flackd a Bsuffiger*, das *Kaanabee* in der Stube ist *durchgflackd* und das Getreide hat sich nach einem Hagelschauer *neigflackd*.

Flejderwiesch
der, Gänseflügel zum Ascheauskehren.

Flejz
der, Hausgang, Flur. – Erst in neuerer Zeit mit Platten oder Holz ausgelegt. Früher fand man im *Flejz* nur gestampfte Erde oder im höchsten Fall aufgestellte Ziegelsteine als Bodenbelag.

floacha
jemanden nach allen Regeln der Kunst verprügeln, durchprügeln, verhauen, auch: in die Flucht schlagen.
Nach einer Wirtshausschlägerei: *„Di uana hawa gmuand, sie kinna si aufmandla, awer dej hammer sauwer gfloachd."*

foal
feil, zu verkaufen.

foocha	fangen. − Der *Scheerfoocher* fing in der gesamten Gemeinde- flur Maulwürfe und Wühlmäuse. Bezahlt wurde er an Kirchweih von den Bauern je nach deren Grundbesitz in Geld und Naturalien. Dieser Nebenerwerb scheint recht einträglich gewesen zu sein, wie die folgenden Geschichten beweisen: Der Burchinger *Scheerfoocher* war ein äußerst schlagfertiger Mensch, mit einer *Fotza wia a Scheeraschleifer*. Einmal saß er in der Wirtschaft hinter einem stattlichen Braten und ließ sich diesen recht gut schmecken. Am gleichen Tisch saß auch der Schullehrer und aß eine Handwurst mit Brot. Der Scheerfoocher konnte sich die Boshaftigkeit nicht verknei- fen und meinte zum Lehrer: *„Siegsch, balsch ebbas gscheids gleand heddsch, no kunndsch o an Broodda fressa."* Vor seiner Schulentlassung fragte der Pfarrer den Scheer- foocher, was er denn einmal werden wolle, worauf dieser in seinem schönsten Hochdeutsch antwortete: „Ich werde mein Geschäft weiterhin betreiben. Ich bin ein Scheermei- senfänger." Ein sehr gern betriebenes Kinderspiel war das *Foochaless*.
Forddigung	Fertigung, Mitgift, die die Braut mitbrachte; bestand mei- stens aus Möbeln und Wäsche. − Diese Aussteuer wurde mit dem *Kaamerwaga* vom Elternhaus der Braut in ihre neue Heimat gefahren. Womöglich vierspännig, Zügel und Geschirr mit roten Bändern festlich geziert, fuhr der Wagen in den Hof ein. Man zeigte her, was *„die Jung"* alles mit- brachte: *Beddschdadd, Gwandkaschda*, Spinnrad und -rocken und natürlich Leinwand, grobe und ganz feine, in großen Mengen. Neben der Braut, die ja auch mitfuhr, saß die *Neen*, hinten bei der neugefertigten Tischlerware der Schrei- ner. Die beiden hatten die Aufgabe, bis zur Hochzeit im Haus alles aufzubauen und einzurichten.
foudscha	schleppend, geräuschvoll gehen, bei Kindern: auf dem Boden rutschen. − Beim Mittagessen: *„Kimmb der Grous- vaader idd zun Essa? − Jou, i hear'n scha reifoudscha!"*
Freidda	Freitag, Mehlspeisentag mit besonders magerer Küche.
froasla	bei Kindern: Krämpfe haben.

fuama	schäumen, Schaum vor dem Mund haben. – „Der isch sou narrad, daß er gei fuambb." Wenn einem Roß in der Frühe der Schaum vor dem Maul stand: „Schaug wias fuambb, dejs isch di ganz Nachd vo dr Druud kridda woara."
Fuas	der Fuß, das Bein. – Wie in ganz Bayern reicht auch im Lechrain der Fuß von den Zehen bis zum Hüftgelenk. *Buaner* kennt man nur als Knochen. *Fuasla* heißt sowohl die heimliche Verständigung unter dem Tisch mit den Füßen als auch „Fußballspielen".
Furdda	der, Fürtuch, Schürze. – Auch heute noch tragen ältere Männer bei der täglichen Arbeit den blauen, an einer Ecke nach oben gehängten *Bambberfurdda*.

G

Gai	Wirkungskreis, Umkreis, Revier, Bezirk, Gau. – Der Metzger, der in den umliegenden Gemeinden das Vieh einkauft, fährt ins *Gai*. Der Bursch, der einem anderen das Mädchen wegschnappt, geht diesem ins *Gai*. Für Besuche, Erledigungen und Fahrten in die weitere Umgebung wurde das *Gaiwägala*, eine kleine einspännige Pferdekutsche benützt.
Gandd	gerichtliche Zwangsversteigerung. – „Auf d'Gandd kejma" hieß zwangsversteigert werden. Schlechtes Wirtschaften und Faulheit brachten so manches Anwesen *auf d'Gandd*. Unwetter und Viehseuchen konnten dazu führen, daß ein Bauer sein Hab und Gut verlor. Er hatte ja keine Versicherung, die ihm in Schadensfällen Verluste ersetzte.
Gatza	die, kupfernes Bier- oder Milchmaß. – Wahrscheinlich aus dem Italienischen. Dort heißt „la cazza" die Pfanne. „Katzelmacher" waren ursprünglich die reisenden italienischen Pfannenflicker.
geal	gelb, auch beige.
Geara	die, Ackerfurche, die bei nicht ganz rechteckigen Feldern an der schrägen Längsseite endet.

Geariawla	das, Mohrrübe, gelbe Rübe.
gei	sofort, bald, wohl, gleich − (siehe Seite 24).
Geewinda	die, Schneeverwehung, Schneewächte. − Im Winter waren oft die Ortsverbindungen von *Geewinda* versperrt. Vor allem Hohlwege mußten dann von Arbeitskommandos wieder freigeschaufelt werden.
geewisch	verkehrt, verkehrt herum. − *„Den Reacha hosch geewisch aufghenkd."* Wenn eine Frau einen Abgang hatte, dann flüsterten sich die Nachbarinnen zu: *„Ba deara isch geewisch ganga."*
Gfadersleid	die, Gevattersleute, Familienaufpaten. − Die Patenschaft für die Kinder eines Ehepaares wurde von einem befreundeten Paar übernommen. Dieses Ehepaar bezeichnete man als *Gfadersleid.* Sie waren in großem Maß für die Erziehung der Kinder mitverantwortlich und übernahmen die Stelle der Eltern, wenn diesen etwas zustieß.
Gfoor	Redensart: *„Um den hods kua Gfoor id."* − Um diesen Menschen ist es nicht schade; er ist es nicht wert, daß man sich um ihn Sorgen macht.

Über einen solchen Typen berichtete die Meringer Zeitung am Ende des letzten Jahrhunderts: „Ein Ferkelschneider, den hier sowohl jedes Schulkind als auch alle erwachsenen Personen kennen und ihm auf Schritt und Tritt ausweichen, so gut es eben geht, da er beinahe während 365 Tagen 366 mal besoffen ist, treibt es gegenwärtig so arg, daß ehrsame Leute vor ihm ausspucken und die Kinder mit ihm ihre Zoten und Possen treiben. Wenn er bei seinem Suffe ruhig wäre, ginge das allenfalls noch an, daß er aber alle Gasthäuser in seinem Säuferwahn aufsucht und jedem anwesenden Gast die größten Grobheiten an den Kopf wirft, ist mehr als zu tadeln. Das Publikum hat es aber jetzt satt und weist ihm das vom Zimmermann gemachte Loch. So wurde diese Figur am vorigen Sonntag, den 11. März 1899, fünfmal aus den Gaststuben an die Luft gesetzt. Zu Hause angekommen, prügelte er seine fleißige und strebsame Frau − die diesen Helden buchstäblich ernährt − durch, bis diese sich ermannte, den Stiel umkehrte und wohlgezielte Hiebe auf seinen verbohrten Schädel führte und ihm zum Schluß den gefüllten Nachttopf am Hirnkasten zertrümmerte."

Der Kommentar zu einem solchen Ereignis dürfte wohl einstimmig gelautet haben: *„Um den hods kua Gfohr id."*

Gfries	das, Fratze, häßliches Gesicht. − Zu einem mürrischen Menschen: *„Was magschn fer a Gfries na, hod der ebber s'Kraud ausgschidd?"*
gladd	ohne Mantel. − Der Ausdruck *gladd ganga* paßte nur in den zwei bis drei Wochen der Übergangszeit vom Winter zum Frühjahr, wenn man den Mantel zum erstenmal zu Hause lassen und wieder leichtere Kleidung tragen konnte.
Gloach	das, Kettenglied.
gloum	milde, tauend (Wetter). − Wenn die Wiesen vom Schmelzwasser weich wurden und der Schnee nur noch an ein paar schattigen Stellen liegenblieb, dann wurde es *gloum*.
Glufa	die, Sicherheitsnadel, Stecknadel.
Glumbb	das, schlechte Ware, Minderwertiges. − Ein älterer Bauer hatte sich in seinem arbeitsreichen Leben eine schwere Hüftgelenksarthrose zugezogen. Sein Hausarzt überwies ihn in ein großes Krankenhaus nach München, wo ihm in den sechziger Jahren als einem der ersten Patienten ein künstliches Gelenk eingesetzt wurde. Nachdem er ein paar Wochen untätig in der Klinik gelegen hatte, war er heilfroh, wieder heimzukommen. Trotz Warnungen der Ärzte begann er sofort wieder mit der täglichen Arbeit in Stall und Feld. Eines Tages, er fuhr gerade den vollbeladenen Mistkarren aus dem Stall, kam der Hausarzt mit dem Auto an seinem Hof vorbei. Von seinem Arzt mußte er sich eine Standpauke anhören: Was er denn eigentlich glaube. So ein Gelenk sei doch nicht da, um es in den ersten Wochen wieder zu ruinieren. Darauf antwortete der Bauer ganz trocken: *„Bal's as id äushaldd, no isch a sauwers Glumbb gwejsa."*
Gluuschd	der, Gelüste, Appetit. − Nach drei Wochen Urlaub in Griechenland: *„Etz hedd i an riachdiga Gluuschd auf an Schweinsbrooda und a Moß Bier."*

Gnagg	das, Genick — auch geiziger Mensch.
gneedi	herablassend, gnädig tun. — Die Tochter eines Bauern hat, weil sie als Kind ein bißchen schwach gebaut war, ein Internat besuchen dürfen. Dort, bei den Kindern anderer, feinerer Leute, hat sie gelernt wie man hochdeutsch spricht und ist überhaupt recht *gneedi* geworden. Als sie wieder einmal in den Ferien daheim war und mit ihrem Bruder über den Hof ging, fragte sie: „Du, Hannes, was ist denn das für ein Ding hier auf dem Boden, das mit den spitzen Zinken?" Der Hannes war noch gar nicht zum Antworten gekommen, als seine Schwester schon auf den Rechen getreten war und vom hochschnellenden Stiel im Gesicht getroffen wurde. Da fiel ihr der Name des „Dings" plötzlich ein: *„Saureacha, mischdiger"* schrie sie und bewies damit, daß sie noch nicht alles vergessen hatte.
goaschdara	treiben, jagen, umherjagen. — Wenn im oberen Stock während des Tages ein rechter Lärm herrschte, sagte die Bäuerin: *„D'Kinder weara hald umanand goaschdara."*
Gödkadds	die, Geldkatze, Geldgürtel der großen Bauern oder der Viehhändler; wurde wie ein breiter Gürtel um den Bauch geschnallt und konnte so nicht verloren werden.
gödsgodd	Kurzfassung von *Vagödsgodd*, Vergeltsgott, danke. — Die einzig richtige Erwiderung darauf ist noch immer *Sejngsgodd*, Segnesgott.
Goggahahna-nejschdla	das, Osternest aus Moos und Weidenruten, in das der Goggl (nicht der Osterhase) seine Geschenke wie Eier oder (seltener) Süßes legte.
Goggalouri	Hanswurst, Streichespieler, Kasper, eulenspiegelhafter Mensch. — Zu einem recht aufgezogenen Kind sagte man: *„Du bisch mer sou a Goggalouri."* Der *Goggalouri* war der Held vieler Geschichten, die den Kindern früher zur Unterhaltung oder Belehrung erzählt wurden. Alles Unerklärliche, das sich zutrug, hatte der Goggalouri zu verantworten. Der gebürtige Achselschwanger Otto Reuther hat viele Geschichten, die ihm von älteren Frauen erzählt wurden,

zusammengefaßt und mit einer Rahmenhandlung versehen. Unter dem Titel „Der Goggolore" ist ein Buch erschienen, dessen Inhalt den Charakter dieser Figur widerspie-
gelt.

Göldda   die, Milchkübel, Melkeimer.

Gramml   die, Flachsbrechstuhl, Breche. — Die harten Hülsen des
Flachses wurden mit der *Gramml* entfernt.

Grandd   der, Wasserbehälter im Stall oder im Garten.

Graner   Hausierer von meist slawischer Nationalität. Vielleicht leitet
sich das Wort von „Ukrainer" her.

Grädda   die, Grannen der Gerstenähren. — Eine der Plagen des
Bauernlebens, weil diese *Grädda* einen fast unerträglichen
Juckreiz verursachten.

greewla   schimmeln, grau werden. — Brot, das nicht trocken genug
aufbewahrt war, begann mit der Zeit zu *greewla.* Es wurde
aber nicht, wie heute, einfach weggeworfen, sondern aus-
geschnitten und sofort gegessen.

griasgrammla   frostflimmern, schneeglitzern.

Grischbala   das, schwächlicher, schmächtiger Mensch. — Zuschauer bei
einer Rauferei: *„O mei, der schdeckd doch dejs Grischbala an
Housasaack nei."*

grob   grau, auch schimmelig. — *Kiddsagrob* hieß weißhaarig.

grounza   knarren, ächzen. Aneinanderreibende Holzteile gaben dieses Geräusch von sich. — Ein Mensch, der mißgelaunt vor
sich hinbrummelt, *grounzd;* ebenso ein Kind, das sich nicht
entscheiden kann, ob es still sein oder zum *Blarra* anfangen
soll.

Gschdaddl   die, Tüte. — Früher die dreieckige Kramertüte. Das Wort ist
heute auf die großen Einkaufstüten der Kaufhäuser überge-
gangen: *„Ban Zeeunda kriagsch wegs an baar Socka a Gschdaddl
wia an Zenddasaack."*
Ein Junggeselle, der längere Zeit nicht mehr im Dorf war,
wurde in der Wirtschaft gefragt, was er denn in der Welt

draußen getrieben habe. Seine Antwort: *„I bie an der Gschdaddlfabrik z Kaisheim gwejsa."* Das hörte sich besser an als die Erklärung, er habe im dortigen Zuchthaus Tüten geklebt.

gscheiwum	im Kreis herum, rund herum. – Ein alter Mann, fassungslos in Anbetracht der modernen Technik: *„Mid an sou an neia Meedrescher fahrsch uamö gscheiwum, no isch scha dr ganz Acker droscha."*

Ein Stammtischbruder erzählt am Morgen, warum er ein abgeschürftes Gesicht von der Wirtschaft mit nach Hause gebracht hat: *„Zerschd isch alls gscheiwum rum ganga, nocher isch auf uan Schlaag d'Schdross aufgschnabb."*

Gschies	das, Umständlichkeit, Getue. – Wenn jemand seine Arbeit recht bedächtig und langsam machte, sagte man: *„Der scheisd umanandd."*
gschmaach	hübsch, nett, zutraulich, lieb, freundlich.
Gschmalk	das, wichtigtuerisches Geschwätz, sinnloses Gerede. – *„Hosch der du a Gschmalk banand."*
Gschmoas	wertlose Dinge, aber auch Gesindel, Pack. – Zu einem Buben, der seine Hosentasche ausleert: *„Was hoschn do alls fer a Gschmoas dinn."*
Gschbund	Redensart: *„Auf geads ban Gschbund!"* heißt soviel wie: „Los, gehen wir, auf gehts!" – Herkunft unklar.
Gschear	das, Not, Plage, Sorge. – *„Mit dem hod mar o sou sei Gschear":* Er ist ein Sorgenkind, mit ihm hat man seine liebe Not.
gschdreckderlängs	der ganzen Länge nach. – *Hifalla, draflacka.*
Gschwerl	Gesindel, Bagage, Pack (siehe auch unter *Gschmoas*). – *„An Gmuahaus dinn wohnd a riachdigs Gschwerl."*
Gschwöll	das, Schwelle, Auftritt an einer Türe. – Die alten Hauseingänge hatten Sandsteinstufen als *Gschwöll*. Diese traten sich in den vielen Jahren ihrer Benützung so stark aus, daß in manchen Trittstufen das Regenwasser stehen blieb.

116

Gsoadd	das, Gejammere, langweiliges Geschwätz. — Wer das ewige Jammern nicht mehr hören konnte: *„Etz hear doch amö auf mid dein Gsoadd!"*
Gsoud	das, Häcksel, kurzgeschnittenes Heu. — Kraftspruch unter Buben: *„I schlag di, dasch dein Vaader fer a aldda Gsoudmaschi aschaugsch."* Ein alter Bauer lag im Sterben und der Pfarrer fragte ihn noch wegen unverziehener Feindschaften. *„Zwoa Feindschafda"*, sagte dieser, *„hou i, denni ka i niamös vergejwa."* Da erschrak der Pfarrer und drang in ihn, er solle doch zumindest die Namen dieser beiden nennen, vielleicht könne er etwas ausrichten, damit er sein Gewissen erleichtern könne. *„Ja"*, erwiderte der Bauer, *„zwoa sens, denni ka i nia vergejwa, dejs isch der Wasserkruag und der Gsoudschdual."*
Gugummer	der, Gurke, ein internationales Wort: englisch cucumber, französisch concombre, lateinisch cucumis.
Gumbba	die, tiefe Stelle in einem Bach, z. B. hinter einem Mühlenwehr oder in Biegungen. — Bei den Kindern waren die *Gumbba* beliebte Badeplätze, weil dort das Wasser oft auch langsamer floß.
Gumbber	der, Handwasserpumpe, Schwengelpumpe. — Bevor die Zeit der kommunalen Wasserversorgung begann, war der *Gumbber* im Hof die einzige Möglichkeit, das Grundwasser anzuzapfen.
Gungl	die, Spinnstube, Rockenstube. — Die Verarbeitung des Flachses zu Fäden geschah im Winter. Jede Woche war man mit dem Spinnrad oder mit dem Spinnrocken auf einem anderen Hof, fertigte Garn und unterhielt sich. Wo soviele Mädchen beisammen waren, da fehlten die Buben nicht. So konnte es schon vorkommen, daß die Arbeit vergessen wurde und ein *kriawiger* Abend mit *Musi*, Tanz und Gesang stattfand.
Gwaff	das, loses Mundwerk, freches Maul, aber auch übergroßer Mund, starkes Gebiß.

H

Haadr

der, Lappen, Lumpen, Tuch. — Die Zusammensetzungen mit *Haadr* sind recht zahlreich: *Butzhaadr* = Putzlumpen, *Weschhaadr* = Waschlappen, *Schneizhaadr* = Schneuztuch, *Drialhaadr* = Kinderlatz, *Haadrlumbb* = durchtriebenes Mannsbild.

Haddl

die, Haferähre, im Gegensatz zu den Ähren der anderen Getreidesorten, die man *Ejchara* nannte.

haagabuachi

robust, widerstandsfähig, auch oft humorvoll-grob. — Ein *Haagabuachiger* erzählt: *„Zwoamö bi i in meim Lejwa scha schweer krank gwejsa. Zwoamö hawa mejni Leid scha d'Sau herkrichd kejd zun Leichaschmaus, awer jedsmö hod si der krank Lukas am Bedd dinna denkd: Raus vu di Fejdara, der mej meachd o nou midhaldda."*

Hahnad

der, Schnitthahn, Erntefeier. — Die Erntezeit war von allen Abschnitten des Bauernjahres die arbeitsreichste und anstrengendste. Deshalb wurde ihr Abschluß jedes Jahr gebührend gefeiert.

Halgwagsigi

Schmalzgebäcksorte, Krapfenart. — Die *Halgwagsiga* wurden vor dem Herausbacken mit der Schere auf der Oberseite kreuzweise eingeschnitten. Ins heiße Fett gelegt, bildeten sich dadurch vier knusprige Spitzen.

Handgaul

der, Pferd auf der rechten Seite des Gespanns.

handdi

bitter, herb. — Manche Gurken im Garten werden im Geschmack *handdi*. Schlechte Laune, üble Stimmung wird ebenfalls als *handdi* bezeichnet.

Hanigglzau

der, Staketenzaun aus Fichtenprügeln.

hauddi

gesundheitlich schlecht, krank. — Nach einer überstandenen Grippe: *„Di ledschda drei Deeg bi i sou hauddi banand gwejs, das i gar id vun Bedd raus kunnd hou."*

Hausa

das, Hausen, Umtreiben eines Hofes.

Sprichwort:
„Wers Hai vu ouwa ra keid,
's neibachi Broud aschneidd,
und's Holz gria brenndd,
ba demm hod's Hausa ball a End."

Ein anderer Spruch sagt:
„Nix hawa isch a kriawigs Hausa."

Wer keinen Besitz hat, der hat auch keine Sorgen. Darum mußten auch die größten und reichsten Bauern am meisten über ihre „großen" Sorgen jammern.

Heara	der, Pfarrer, Pfarrherr.
Hearalan	Hörner — Redensart: *„Hejd hodds awer d'Hearalan wieder drauss"*, hieß, daß die Ehefrau wieder einmal schlecht aufgelegt war.
heelitza	lechzen, mit heraushängender Zunge nach Luft ringen, nach Wasser gieren.
Heidder	der, schlechtes, altes, unansehnliches Pferd. — Zum Viehhändler: *„Was wüschn mid dem Heidder, an dem kasch ja dr Huad aufhenka."*
Heirobfer	der, Haken, mit dem das Heu aus dem Heustock gerissen wurde.
Heissl	der, Fohlen.
heisla	spielen, sich zur Unterhaltung beschäftigen, meist mit Material (Sand, Holzklötze).
Hengk	Honig.
hiana	weinen, heulen. — Eine Nachbarin zur anderen: *„A sou a schiana Hoazad. I hou die ganz Kurcha lang hiana miaßa."*
hoaless	schlampig, nachlässig, heillos. — Die Metzgersfrau zum Lehrmädchen: *„Dua mer id alwü sou hoaless wiega, du verschenksch mer ja dr ganza Laada."*
höö/hehl	gefroren, eisglatt. — *„Hejd isch hehl dauss! Bassauf, daß di idd nahaud."*

hoadder	heiter, klar (Wetter). – Wenn ein Gewitter vorbeigezogen war: *„Do hindd werds scha wieder hoadder."*
Hoazat	Hochzeit, Heirat. – Festtag für das ganze Dorf, denn viele Leute waren sowieso geladen und die übrigen Dorfbewohner durften am Abend auf den Tanzboden zur *Freimusi* kommen. Bei den früheren Bauernhochzeiten gab es soviel zu Essen, daß für den Hund noch etwas übrigblieb. Nicht von ungefähr bildete sich die Redensart: *„Schbeiwa wia a Hoazadhund."*
Holler	Holunder, die Universalfrucht der früheren Zeiten. Kostenlos in Mengen vorhanden und zu allen möglichen Produkten verarbeitbar: Die Blüten ergaben die beliebten *Hollerkiachlin.* Aus den kleinen Beeren konnte man im Spätsommer Marmelade, Saft, *Hollerreaschder* und andere haltbare Speisen bereiten. Aber auch die Buben konnten mit dem Holler etwas anfangen: Aus den geraden Ästen ließen sich, wenn das Mark entfernt war, prachtvolle Blasrohre fertigen, mit denen man die *Hollerbullan* zielsicher auf eine frisch geweißelte Hausmauer oder die in der Sonne trocknende Wäsche schießen konnte. Aus allen Teilen der Hollerstaude wurde früher Tee gegen das verbreitete *Reißa,* den Rheumatismus, gemacht.
Höll	die, Hölle, Platz zwischen Kachelofen und Wand. – *D'Höll* war der wärmste Winkel im Haus und besonders bei den Kindern als behagliches Plätzchen an kalten Winterabenden beliebt.
holzgägsd	mit hölzernen Achsen versehen (Wagen, Schubkarren). – Als menschliche Charaktereigenschaft bezeichnete das Wort kernige, rauhbeinige Typen.
Holzschlejgl	Redensart: *„Ba dem kölwerd dr Holzschlejgl an dr Raicherkaamer dinn."* – Bei ihm kälbert der Holzprügel in der Räucherkammer, bedeutet, daß der Betreffende andauernd und unverdient Glück hat.
houneffi	aus Hanf gemacht, hären (Stoff).

120

Hoorachl	die, Frau mit ungepflegtem Haar, mit verfilzter Frisur. — Das Wort dürfte sich aus Haar-Hechel, einem Flachsbearbeitungsinstrument, gebildet haben.
hodd	Zuruf an Zugtiere, rechts zu gehen.
Huagordda	der, Heimgarten, Treffen zum Ratschen; auch abendliche Zusammenkunft, oft bei Musik und Tanz.
huali	heimlich, hinterrücks. — Ein junges Mädchen erzählt: *„Dr Babbi hod mi id furdlossa, no bi i hald huali ban Fenschdr nausgschloffa."* Das Wort *huali* hat aber auch die Bedeutung zutraulich, zahm. *„Dejs isch a ganz a hualigs Kätzla."*
Huck	die, niedriges altes Haus, Kleinhäusleranwesen, heruntergekommenes Gebäude. — *„A sou an aldda Huck gheard weckkrissa."*

I

Imma	die, Biene.
Inggwoad	das, Eingeweide, Innereien.
inna weara	inne werden, erfahren. — Zwei Lausbuben haben eine Fensterscheibe zertrümmert. Sie sind schleunigst weggerannt und haben sich im Heustadel versteckt. Dort meint der eine Bub zum andern: *„Hoffadli hod ins kuaner gsejcha, mej Vaadr wenn dejs inna werd, no kriag i sauweri Feichl."*
iwerhobs	ungefähr, über den Daumen gepeilt, nach oberflächlicher Schätzung. — Besonders beim Viehhandel wurde viel *iwerhobs* geschätzt.
iwerschi	darüber, hinüber. — Wenn eine Last, vor dem Bauch getragen, zu schwer wird, nimmt man sie am besten *iwerschi,* d.h. über den Rücken.
Iwidumm	das, Ich-bin-dumm. — Am ersten April versuchte man, jemanden zum Krämer zu schicken mit dem Auftrag: *„Holsch um a Zejnerla a Iwidumm!"* Das gleiche konnte auch mit dem *Huumiblau* probiert werden.

J

Jaudes
der, Judas, symbolische Figur aus alten Gewandresten und Stroh, die am Karsamstag beim traditionellen Jaudesbrenna den Flammen übergeben wurde.

joumera
jammern, klagen. − Bei manchen Bauern gehörte und gehört heute noch das *Joumera* zum Alltag. Die Felder können noch so gut tragen, das Vieh im Stall mag noch so viel abwerfen, einen Grund zur Unzufriedenheit finden sie immer.

Juchee
der, oberster Balkon, Rang, Galerie, Empore, oberste Ecke unter dem Dachfirst. − Auf manchen Tanzböden spielte die *Musi* wegen der besseren Akustik im *Juchee*.

Jucherd
der, altes Katastermaß, Joch Ackerland.

K

Kaag
der, Hecke, Buschreihe, meist als Windschutz angepflanzt; heutzutage trotz der wenigen Quadratmeter Fläche, die sie einnahmen, zum größten Teil abgeholzt.

Spottvers:
„Z'Betzahoufa hinddern Kaag
hod der Deifl a Niederlaag."
(Niederlaag = Filiale)

Kaar
das, Bratreine, viereckige Braten- und Auflaufform.
Eine ehemalige Bauernmagd erzählt: *„Wenn d'Bain z'faul gwejs isch, daß Bacherlin ouder Rearlanoul gwarglt hod, no hods her unds Kaar backd und an Ejgschidda gmachd."* Das heißt, daß die Bäuerin den Teig einfach in die Bratreine schüttete und ihn darin herausbackte.

Kabiddl
Redensart: *„Ans Kabiddl nejma"* − mit jemandem ein Hühnchen rupfen, jemanden ins Gebet nehmen.

Kamobbl
das, Schimpfwort für einen ungeschickten Menschen, häufig auch in der Verbindung *Rindskamobbl* angewendet.

Keachala
das, kleine Schüssel, Verkleinerungsform von Kachel.

122

Kearla	das, Raum in manchen Kirchen über der Sakristei, mit Fenster zum Kirchenraum, in dem der Kirchenpatron den Gottesdienst mitfeierte; später auch vom Mesner oder der Pfarrersköchin genutzt. − Verkleinerungsform von Chor.
keif	fest, kompakt, hart, stark. − Bursch beim Tanzen zu seinen Kameraden: *„D'Zenzl isch a sauwers Weisbüd, und aglanga duad sa sie o rechd keif.“*
Kejrawisch	der, auch *Flejderwisch*, Gänseflügel zum Auskehren und Ofenreinigen.
Kieranaachd	die, Kirchweihsamstag. − An diesem Tag wurden die Vorbereitungen für den Kirchweihsonntag getroffen: Schlachten, *Kiachlinbacha*, Hausputz, der Zachäus − die rot-weiße Kirchenfahne − wurde aus dem Kirchturm gehängt und auf den Höfen bereiteten die Burschen die *Kurchddaschuura* vor.
Klag	die, Trauer, Trauerzeit nach einem Todesfall. − Für die verschiedenen Verwandtschaftsgrade waren auch unterschiedlich lange Trauerzeiten festgelegt: Für Eheleute und Eltern war man ein Jahr und vier Wochen in der *Klag*, für Schwiegereltern neun Monate, für Geschwister ein halbes Jahr und für weitschichtigere Verwandtschaft bis zum *Dreißigschd* − etwa vier Wochen. Die Frauen trugen in dieser Zeit schwarze Kleidung, Männer gingen dagegen in ihrem gewöhnlichen *Gwand*. Getanzt wurde nicht. In der Wirtschaft verhielten sich alle gesetzter als sonst.
Kleefa	die, Schimpfwort für eine weinerliche, zänkische Weibsperson. − Ein vielgeplagter Ehemann zur Wirtin: *„Balsch na du a bißla unguad weersch, no gangad i mi leichder hua zu meiner Kleefa.“*
kleewri	krank, schwächlich, schlecht aussehend.
kliawa	Holz spalten, hacken, große Mengen Speisen bewältigen. − Nach einem ausgiebigen Mahl: *„I hou scha gmuand, daß i's nimmer derback, awer no hou is doch nou gar klouwa.“*

Kloawer	der, umständlicher Arbeiter, Tüftler ohne Erfolg und Ergebnis.
Kloudsa	der, Fensterladen. – Ein Mädchen, das beim österlichen *Gogglhola* seine *Kloudsa* zugemacht hatte, um dem Burschenansturm zu entgehen, riskierte, am ersten Mai von den Abgewiesenen einen *durra Maia* aufgesteckt zu bekommen.
Klucker	der, Schusser, Murmel. Früher waren die Klucker nicht so prächtig aus Glas hergestellt wie heute; man kannte nur die einfachen Tonkügelchen, mit denen sich die Kinder die Zeit vertrieben.
Klumsa	die, Ritze, Spalt, Zwischenraum. – Die Böden im oberen Stock waren aus einfachen Fichtenläden. Durch die Trokkenheit im Haus zog sich dieses Holz zusammen und die dabei entstehenden Zwischenräume hießen *Klumsa*.
Koaschd	die, Bretterverschlag auf dem Dachboden. Dieser Raum diente zur Aufnahme von Getreide, das im Haus blieb und nicht verkauft wurde – auch *Douda* genannt.
koaddi	voll Erde, schmutzig, auch: mit trockenem Humor begabt. – *„Dejs isch a ganz a koaddiger Siach."*
Kraam	der, Muskelkrampf – im Gegensatz zu *Kramf*: dummes, undurchführbares Vorhaben, ungeschickter Plan, unrealistische Denk- und Handlungsweise.
Kreas	Unkraut, schädliches Gewächs in einer Pflanzenkultur. – In der ersten Zeit nach der Einführung der Unkrautvernichtungsmittel waren die Landwirte noch etwas ungeübt in der Dosierung dieser Gifte. So antwortete ein Bauer auf die Frage, warum er denn das teure Spritzmittel so verschwenderisch auf seinen Acker verteile: *„Vü hüfd vü, iatz zoag i's dem Kreas, wer auf meim Acker ebbas zun Saga hod."*
krebbi	gesund, lebhaft, kräftig (z. B. Kinder).
Kreddsa	der, Korb. – Im Winter wurde auf den Höfen der Bedarf des nächsten Jahres an Körben gefertigt. Diese Körbe waren aus selbstgeschnittenen Weidenruten. Größere Körbe für Stall

	und Tenne entstanden aus den gespaltenen Wurzeln der Weide und hießen *Louwakretza* (Louwa = Laub).
kreegla	würgen, den Hals zudrücken. − Guten Bekannten gratulierte man zum Geburts- oder Namenstag, indem man sie am Hals packte und ordentlich schüttelte. Diese Art des Glückwünschens hieß *Kreegla*.
Kreiz	Redensart: *„Midn Kreiz ganga"* − einen Flurumgang, Bittgang, eine Wallfahrt mitmachen. − *„Heid gead ma midn Kreiz auf Andegs."*
Krejderla	das, Achsteil des Pfluges, Achse mit Rädern.
Krejm	der, Reif an Bäumen, gefrorene Feuchtigkeit. − Die Häuser vergangener Jahre, ohnehin sparsam beheizt, waren sehr schlecht isoliert. Im Winter war es in den Kammern im oberen Stock so kalt, daß morgens die Wände und Bettbezüge von einer Reifschicht bedeckt waren.
krejschda	seulzen, stohnen. − In Hattenhofen bei Egling geht seit Urzeiten der *„Haddnhoufer Krejschder"* um. In finsteren Nächten und ganz besonders zur Allerseelenzeit kann man ihn stöhnen und ächzen hören. Die Leute glauben, daß da eine unerlöste Seele auf ihr Leid aufmerksam machen will.
Krejwas	der, Krebs. − Fast jeder Mann ist in jungen Jahren mindestens einmal beim *Fieschfoochu* von einem *Krejwas* gezwickt worden.
kriawi	gemütlich, ruhig, geruhsam. − *„A kriawiga Wurdschafd, a kriawiga Arwad, a kriawiga Zeid."* Ausruhen heißt *auskruawa*. In der ersten Klasse einer Volksschule war der Posthalter des Ortes und erklärte den Schülern die Arbeit in der Poststelle. Nachdem er eine Zeitlang über das Sortieren und Zustellen der Briefe, das Annehmen, Stempeln und Weiterleiten der Sendungen, über Briefmarkenverkauf und Telefondienst gesprochen hatte, packte einen der Schüler das Mitleid mit einer so vielbeschäftigten Person. Eingedenk der Tatsache, daß an der Schule hochdeutsch gesprochen werden muß, fragte er den Posthalter: *„Und wenn duusch du kruuben?"*

Kries	das, Beliebtheit. − „'S Kries haawa" bedeutet: beliebt sein, umlagert werden. Ein guter Tänzer, eine Großbauerntochter, eine hübsche Kellnerin; um solche Menschen reißt man sich, sie haben 's Kries.
Kruuschd	der, wertloses Zeug, Tand, auch Unordnung. − Zu einem Kind, das seine Spielsachen auf dem Boden verstreut hat: *„Etz rommsch dejn Kruuschd auf, hejd kimmb nou dr Herr Pfarrer zu ins."*
kuadsi	minderwertig, abscheulich, unsympathisch. − *„Dejs isch der sou a kuadsiger Drobf."*
kurni	aus Roggen gemacht. Der Roggen, das am weitesten verbreitete Getreide, hieß *Koara*. − *„A kurnis Meal."*
kuudara	kichern, albern lachen, unterdrückt prusten. − In Schmellers „Bayerischem Wörterbuch" heißt es: „Und da lachen und kudern die Frauenzimmer, daß s' einen Kropf kriegen möchten . . ."

L

Labb	der, gutmütiger, gutgläubiger Mann. − Bäuerin zum Bauern über einen schlechten Handel: *„Du bisch mer fei scha a bsonderer Labb, wennsch am Viachhändler ebbas gloubsch."*
Laddn	Redensart: *„Ebbern auf der Laddn haawa."* − Jemanden nicht leiden können, jemanden dauernd ungerecht behandeln. − Ein Lehrbub ist von seiner Lehrstelle durchgebrannt und beklagt sich: *„Dr Moaschdr weer scha reachd gwejsa, awer d' Moaschderin hodd mi auf der Laddn ghejd."*
lagg	schal, abgestanden (Bier), lauwarm. − Ein erboster Gast zum Wirt: *„Dejn lagga Blembbl kaasch söwer saufa."*
Laggsiera	das, Durchfall, Diarrhoe. − Wem der Ausdruck Scheisserei zu derb war, der benützte das feinere Wort *Laggsiera*.
Lalli	der, unbeholfener, ungeschickter Mann, nicht sehr durchsetzungsfähig, auch Pantoffelheld. − Ein solcher Lalli hat

sich vor dem Ersten Weltkrieg in die Vollmacht wählen lassen, wie der Gemeinderat damals noch hieß. Am Wahltag mußte das Ergebnis entsprechend gefeiert werden und so ist der Mann erst lange nach Mitternacht heimgekommen. Dort nahm seine Vollmacht ein Ende. Seine Frau hatte nämlich die Haustüre zugesperrt und schlief schon tief und fest. Darum stand der frischgebackene „Vollmächtige" unter dem Kammerfenster seines Eheweibes und rief immer wieder leise hinauf: *„Mari, gea, i bidd di, schborr hald auf. Mari hejd darfsch id schimpfa, hejd bin i ebbas woara!"*

laugna	leugnen, abstreiten.
lebbera	schlürfen. Katzen *lebbera* ihre Milch. Spruch: *„Bal mar kuan Leffl id hedda,* *miaßad mer d' Subba lebbera."*
liacha	spülen, wässern, *ausliacha* heißt ausspülen, oberflächlich säubern.
liegerhafd	bettlägerig. — Bäuerinnen waren früher nach vielen Geburten oft so geschwächt und krank, daß sie jahrzehntelang *liegerhafd* waren.
Limml	der, Lümmel, frecher, ungezogener Bursche. — Mädchen, die es mit der Moral nicht allzu genau nahmen, wurde an Pfingsten der *Pfingschdlimml*, eine Strohpuppe, an den Fensterladen gehängt. *Limmlziacha* = Kartenspiel, ähnlich dem Schwarzen Peter.
loali	langweilig, langsam, temperamentlos. *„A loaligs Wejddar"* war ungemütlich, schmutzig.
Loaschd	die, Wagenspur im weichen Erdreich. — Wenn es länger geregnet hatte, konnten die Bauern nicht mit ihren eisenbereiften Wägen auf die Felder und Wiesen, weil sonst tiefe *Loaschda* entstanden wären.
Louwakreddsa	der, Korb aus gespaltenen Weidenwurzeln, wurde hauptsächlich im Stall verwendet, um lose Güter zu transportieren.

lugg	locker, lose, aber auch nachlässig, schlampig. – Von einem ewigen Junggesellen tuschelten die Nachbarn: *„Der isch z'lugg, als daß er si a Wei suachad."*

M

Maia, Meea	der, Maienbäumchen, als Zeichen der Wertschätzung an die Fensterläden oder in den Kamin des Hauses gesteckt, in dem ein Mädchen wohnte. Je nach Beliebtheit bekamen die *Mellin* entweder einen *durra Maia* oder einen *griana Maia*.
maledda	lange Zeit, ewig, wahrscheinlich aus: meiner Lebtag. – *„Zerschd duad er reachd bressandd, und nocher kimmb ar maledda id."*
Mannd	die (Mehrzahl), Männer in der Gruppe. – In der Kirche sitzen *d'Mannd* in den hinteren Bänken.
March	das, Grenze am Acker, Feld, an der Wiese. – Eigentlich bedeutete das Wort das Grenzzeichen, welches die einzelnen Grundstücke voneinander schied.
Marischanzgerlen	Apfelsorte: Bosdorfer Renette, kleine aber wohlschmekkende Äpfel.
	Diese Obstbäume waren empfindliche Gewächse. Besonders in der Blüte konnte ein einziger Reif die zu erwartende Ernte zunichte machen. In der Zeit der Eisheiligen hat darum einmal ein Bauer im Garten seinen Obstbäumen ordentlich „eingeheizt". In einem Riesenfeuer verbrannte er die ganze Nacht hindurch Stroh, Reiser, Lederflecke und die Fußlumpen vom Schweizer. Seine Frau hat ihn vom Kammerfenster aus ermutigt: *„Dua na feschd ejhoaza, Hans, s'weer ja schaad um di schiana Marischanzgerlen."* Am nächsten morgen, als die Sonne wieder in den Garten schien, schaute der Bauer seine *Blüh* etwas genauer an und entdeckte, daß er wohl ein bißchen zu fest eingeheizt hatte. Aus wars mit den *Marischanzgerlen*, mit *Jaggas-* und *Lejderapfl*. Die Apfelblüten waren alle kohlrabenschwarz und versengt.
marnischd	morgens, in der Frühe. – Ein Unglück ist passiert: *„Wenn isch nocher dejs gwejsa? – Neachd z'marnischd."*

maroudi	matt, leicht erkrankt, unpäßlich. – *„S' Bier weer scha reachd, balsch am negschda Daag id alwl a sou maroudi weersch."*
Massl	das, Glück, wahrscheinlich aus dem Jiddischen übernommen. – Zwei *Hagabuachigi,* der Hias und der Lenz, hatten eine Sau gestohlen und untereinander geteilt. Wie es das „Unglück" für die beiden wollte, fand kurz darauf Volksmission statt, bei der, wie es üblich war, jeder zur Beichte gehen mußte – schon allein wegen des Geredes im Dorf. Auch der Hias und der Lenz kamen nicht um ihr Sündenbekenntnis herum. Nach dem Kirchgang trafen sich die zwei in der Wirtschaft. Bei der ersten Maß Bier wisperte der Lenz dem Hias ins Ohr: *„Du, mi hod er id lousgschbrocha, zruggejwa miaßad mar dej Sach, muand er."* Darauf der Hias: *„Ba mi hods nix brauchd, i hou dejs Massl ghejd. Wia kraad d'Argl sou laud gschriia hod, do hou i dejs Feckla nou mid nejruudscha lossa."*
Meachlring	der, Ehering, Mähelring. – In Leoprechtings Buch „Aus dem Lechrain" heißt es: „Nur die Braut erhält einen Ring, den Mächelring (von Gemachel), der allzeit von Silber mit einem roten Steine verfertigt ist."
mehr	wieder, nochmals. – Erstaunen über eine schnell verrichtete Arbeit: *„Bisch du scha mehr forddi?"*
Meigram	der, Majoran, Küchengewürz. – Beim Schlachten war der *Meigram* ein unverzichtbares Gewürz für die Herstellung von *Bluad- und Lejwerwirschd* sowie von schwarzem und weißem *Bressack.*
Mejdda	der, Montag. – (Siehe auch unter *Aftermejdda.*)
Mejnung	die, Pferdegespann, bestehend aus *Hand-* und *Saalgaul.* – Die Anzahl der Arbeitspferde auf einem Bauernhof wurde von der Betriebsgröße bestimmt. Als Faustregel darf angenommen werden, daß etwa pro 40 Tagwerk Grund eine *Mejnung* notwendig war. Kleinere Bauern betrieben ihre Höfe mit Ochsen oder Kühen und spannten diese vor die Fuhrwerke.

menddisch	sehr, außergewöhnlich, stark. − Verkürzung von *saggra-menddisch*.
mengla	vermissen, entbehren. − Der *Hennadiab* beruhigt sein Gewissen: *„D'Bain hod sou vü Henna, ua uanziga mengld dej gar id."*
Mensch	das, unverschämtes, liderliches Weib, Dirne. − Manche Bauern bezeichneten auch ihre weiblichen Dienstboten abfällig als *Menscher*.
menz	unfruchtbar. − Eine Kuh, die nicht aufnimmt, nicht kalbt, *gead menz*. Bauer zu seiner Frau: *„Bal der Viachhändler kimmb, nocher gibsch iam d'Liesl mid. Awer sag iam ja id, daß' menz gead."*
Michala	das, Schmugeld, übriges, geheimes Geld. − Meistens hatte die Bäuerin vom Eierverkauf etwas Geld für sich zurückbehalten. Davon bekamen die Kinder, wenn sie in die Nachbarorte auf den Markt gingen, meist ein *Fümfarla* zum *Verschneggla* mit.
Mickda	der, Mittwoch. − Der Aschermittwoch hieß *dr äschi Mickda*.
Moar	der, Könner, Sieger, Tonangebender. − Beim Eisstockschießen, beim Kartenspielen, überall, wo man sich als besonders fähig herausstellen konnte, gab es einen *Moar*, der sein Fach beherrschte wie kein anderer. Wenn der Bauer nicht auf dem Hof war, konnte der Knecht gegenüber den anderen Dienstboten auftrumpfen: *„Etz bin i Moar."*
Mölla	der, Inneres von Hefegebäck, im Gegensatz zur *Ringga*, *Schuawa*. − Mutter zum Kind: *„Du muasch scha d'Ringga o essa, id bloas dr Mölla."* Ein schön gewachsener Stier hieß *Mölla*. Zu den Bewohnern des Unterlandes, in der Gegend um Aichach und Friedberg, sagten die südlichen Lechrainer *Mölla*.
Mondduur	die, Männerkleidung, Uniform, Dienstkleidung. − Nach einer Rauferei war meistens die ganze *Mondduur varissa*. Ein *Schwollischee*, der Heimaturlaub hatte, wurde von den

Mädchen angehimmelt: *„Mei isch der schneidi mid seiner Mondduur."* (Schwollischee: Leichter Reiter, Chevauleger)

Moosa	der, Fleck, Verunreinigung, auch Hautunreinheit.

Spottvers der Prittrichinger auf die benachbarten Winkler:

„Winkler Bölla, *Ouga wia Pfousa,*
Orsch varschwölla, *dr Buggl voll Moosa."*

mounachdi	unbrauchbar, nutzlos. — Bauer über ein viel gebrauchtes Werkzeug: *„Dejs isch scha sou mounachdi, do koff mer a neis."*
muasa	Naturallohn empfangen, einheben. — Früher nahmen die Bäcker für ihre Produkte auch Naturalien als Entgelt. Der Backlohn für die selbstgemachten Brotlaibe wurde meist in Mehl bezahlt, *gmuasd.* — Die ausgehandelte Menge dieses Naturalienlohns hieß *Muasad.*
Muuhaggl	der, ungehobeltes, grobes, beschränktes Mannsbild. Mädchen beim Tanzen zur Freundin: *„Der Muuhaggl hod mi sou herdruckd, daß i bal kua Lufd mehr kriagg hedd."*
Müllidischl	die, Löwenzahn. — Sehr beliebt als Hasenfutter. Die kleinen frischen Löwenzahnblätter eignen sich bestens für einen wohlschmeckenden Salat.
Muusi	die, Musikkapelle, Musikinstrument, Musik. — Tanzveranstaltungen nannte man *a Muusi. „Jedsmö wenn ban Wurdd a Muusi isch, nocher kimmb a Raffads raus."* Die heutigen Blaskapellen sind mit einer *Muusi* von früher nicht zu vergleichen. Damals genügten acht Mann um die Volksmusik der Gegend zu spielen.

N

nax	abends, nach dem Dunkelwerden. — Mädchen zum Angebeteten: *„Kimmsch z' nax zu ins an Huagordda?"*
neachd	gestern, *voarneachd* = vorgestern.

Neen	die, Schneiderin, Näherin. — Wie viele Handwerker sind auch die *Neenach auf d'Schdeer* gegangen. Meist wochenweise — je nach Bedarf — waren sie bei den Bauern verdingt und nähten in dieser Zeit alles, was seit ihrem letzten Aufenthalt an Näharbeit angefallen war. Besonders wichtig war die Anwesenheit einer *Schdeerneen*, wenn die Hochzeit einer Tochter bevorstand. Da mußte die Aussteuer genäht werden, das Hochzeitskleid angemessen, Sträuße für die Gäste gebunden und Eltern und Geschwister der Braut mit neuem oder zumindest sauber hergerichtetem *Gwand* versehen werden. Dafür war die *Neen* aber auch eine der Hauptpersonen bei der Hochzeit. Sie steckte den Hochzeitsgästen die Sträuße aus Rosmarinzweigen ans Revers oder ans Mieder und bekam hierfür einen kleinen Obulus.
nianaschd	nirgends, nirgendwo. — Ein aus der Fremde zurückkehrender Lechrainer beim Anblick seines Heimatdorfes: *„Nianaschd isch sou schia als wia darhua."*
Noad	die Not. — Redensart: *„Dr Noad kuan Schwung lossa!"* Die Not ignorieren. Eine etwas spöttische und vorwurfsvolle Beurteilung eines aufwendigen Lebensstils. Zwei Frauen tuscheln über eine dritte: *„Kuan Pfenning Göd hawa, awer jeds Johr an neia Manddl braucha. Dej loßd der Noad o kuan Schwung."* Andererseits bewiesen die armen Leute eine gehörige Portion Humor, wenn sie sagten: *„Etz miaß mer bal an Hund herdua, daß er ins d'Noad weckfrißd."* Armut scheint in früheren Zeiten ein fast unabwendbares Schicksal gewesen zu sein. Nur durch eine reiche Heirat war die Besitzlosigkeit zu überwinden, wie das folgende Sprichwort verdeutlicht: *„Wer noaddi auf d'Wöd kejma isch, der kaa nix dafier, awer wer arm gheirad hod, dejs isch a debbiger Siach."* Deshalb legten besonders die Eltern von heiratsfähigen Kindern großen Wert auf die Feststellung: *„Schiaheid vergead, Daawark beschdead."*
Nool	die, Nadel, auch der Wadenmuskel.

Noul	die, Nudel, Hefeteiggebäck, Eierteigwaren. — Nudelarten aus Hefeteig waren: *Bounza, Rearlanoul, Bacherlin.* In diesen verschiedenen Formen kamen sie fast täglich auf den Tisch. Im Gegensatz zu den Hefeteignudeln wurden die Teigwaren — selbst hergestellt — näher bezeichnet: Fadennudeln hießen *Maggrounoul*, Bandnudeln *gschniddi Noul.* Die Häufigkeit, mit der die Bäuerin all diese Spezialitäten servierte, wird auch deutlich in der Redensart: *„All Nouldäg"* — sehr oft, zu oft.
Noowad	der, Nachmittag. — Über einen plötzlich Verstorbenen: *„Ja waas, neachd noowad hou i 'n ja nou gsejcha."*

O

Oarhaawer	der, Schmarren, Kaiserschmarren. Schnelle Mahlzeit, die sich die Männer selbst zubereiten konnten.
Oarschbicka	das, Eierpecken, Eianschlagen. — Kinderspiel, meist zu Ostern gespielt.
Oass	das, Furunkel, Eiterbeule, Abszeß.
Ooderlossa	das Aderlassen, Schröpfkur. — Beliebtes Heilmittel bei Bleichsucht, Lungenödem und bei schlechtem Allgemeinbefinden. Der *Ooderloß* war auch im Stall bei den Großtieren eine häufige Behandlungsmethode.
	Leoprechting schreibt über den Aderlaß: „Wenn wir noch von unseren Großeltern hören konnten, wie der Aderlaßtag sozusagen ein Festtag war, so ist er auf dem Lande noch zur Stunde ein drei Tage dauernder Ruhetag. Mit dem Ausdruck *I ha me lassn"* (zur Ader nämlich), verbindet der Landmann das von Natur und Gesetz ihn verpflichtende Bewußtsein größter Ruhe, besserer Nahrung und starken Trunks."
Oarawaschl	das, Ohr, Ohrmuschel. — Hauptangriffspunkt der menschlichen Anatomie für die Züchtigung seitens Lehrern, Pfarrern, Meistern und anderen Erziehungsberechtigten.
Ool	der, Jauche, Gülle, auch *Oolwasser* genannt. — Neben dem Stallmist das einzige Düngemittel in früherer Zeit.

Oumas	die, Ameise. – Ein Schulbub kommt weinend nach der Pause ins Klassenzimmer zurück und reibt sich die Wade. Mitleidig fragt die Lehrerin, was er denn habe. Darauf der Bub schluchzend: *„Mich had eine Oumens angebiesd."*
Ouwas	das, Obst. – Der Knecht zur Bäuerin, nachdem in der gleichen Woche schon zum vierten Mal Nudeln mit *Apfelreaschder* auf dem Tisch standen: *„Vun Ouwas allua ka i id lejwa, a Fleisch brauchd der Mensch."*
Oxafiesl	der, Ochsenziemer, gedörrtes Bullenglied, Schlaginstrument zur Züchtigung von wiederspenstigem Stallvieh und ungehorsamen Kindern.

R

Raiwer und Schandi	das, Kinderspiel Räuber und Gendarm.
Rangga	der, Trumm, Brocken, größeres Stück eines Ganzen. – Alle Teile, die von Lebensmitteln wie Brot, *Kraicherds* oder Zopf abgeschnitten wurden, bezeichnete man als *Rangga*.
reach	heiser, mit rauhem Hals. – Wer den ganzen Tag hinter einem störrischen Ochsen den Pflug führen mußte, war am Abend *reach* vor lauter Schreien und Schimpfen.
Reaschder	der, gekochter Saftobstbrei, Früchtemus. – *Hollerreaschder, Apflreaschder, Biirareaschder* bildeten die Beilage zu Nudeln, gerösteten Knödeln oder zum *Oarhaawer*.
Reasouma	der, sinnloses Gerede, Gezeter um nichts. – *„Wejga dem magsch du sou an Reasouma?"* Die Herkunft des Wortes ist noch weitgehend ungeklärt. Der Sprachforscher B. Schweizer vertritt die Ansicht, daß sich das Wort aus den indogermanischen Teilen rea = tot und suomo = Psalm herleitet und die Bedeutung Totenpsalm hatte. Eine andere Wurzel könnte das französische „résumé" sein.
Reckaleidda	das, Läuten am Begräbnistag, Requiemläuten. – Wenn der Trauerzug vom Haus des Verstorbenen zum Friedhof ging, läutete der Mesner dreimal die Kirchenglocken.

reiddera	sieben, durchsieben. – *D'Reidder* war das große Sieb, mit dem das Getreide nach der Größe der Körner sortiert wurde, bevor die *Windfejga* aufkamen.
Reiß	die, Redensart: *„Ebbern an der Reiß haawa."* Jemanden in nicht gerade angenehmer Behandlung haben, Vorhaltungen machen, mit jemandem ein Hühnchen rupfen. Über einen „Sünder", der nach fast einer halben Stunde schwitzend den Beichtstuhl verläßt, wird geflüstert: *„Den hod der Heara sauwer an der Reiß ghejd."*
Rejfdla	das, Anschnitt von Brot, Zopf und Braten.
rengera	regnen. Redensart, wenn der Regen für das Wachstum sehr günstig war: *„Hejd rengerds die Baura an Housasaack nej."* – Willkommener Regen wirkte sich durch eine bessere Ernte auch finanziell aus.
ress	scharf, auf der Zunge brennend. – Die ersten *Reeddi* im Frühjahr sind meistens noch ziemlich *ress*; auch Frauen mit einem bösen Mundwerk nennt man so.
Riarmülli	die, Buttermilch. Milch, die nach dem Buttern noch im Rührfaß verblieb. – Beliebter und kostenloser Durstlöscher; entscheidende Zutat bei der Herstellung der *Riarmüllibounza*. Dampfnudeln wurden nicht im heißen Fett, sondern in kochender Buttermilch zubereitet.
Rieb	der, Kurve, Biegung, auch im Bachlauf. – Flurname in Prittriching: *Kaschbers Rieb*, Badeplatz an einer Bachbiegung hinter dem Anwesen vom *Kaschberwurdd*.
Rieglbrugg	die, Wegbefestigung durch Fichtenstangen. – Wegstellen, die während der meisten Zeit schlammig oder sumpfig waren, befestigten die Benutzer mit *Rieglbrugga*.
Roager	der, Fischreiher.
roala	zusammenspannen, mit Ketten befestigen. – Schwere Wagenladungen erforderten, daß die Leitern in der Mitte des Wagens zusammengespannt wurden, damit das Gewicht des Ladegutes sie nicht nach außen drückte.

Roffa	die, Raufe, Gestell, aus dem die Pferde ihr Heu fraßen.
rougli	locker, mürbe, krümelig. – Ein Feld, das im nächsten Jahr guten Ertrag bringen sollte, mußte im Herbst sorgfältig behandelt werden. Pflug und Egge sorgten dafür, daß das Saatgut in ein *rougligs* Erdreich eingebracht werden konnte.
Rous	das Pferd, Roß. – Die wertvollsten Tiere auf den Höfen waren die Pferde. Zu ihnen hatte der Bauer ein überaus gutes Verhältnis, sie erhielten die beste Behandlung und ein sorgfältig ausgesuchtes Fressen. Der *Rousfuas* war das Erkennungszeichen des Teufels. Besorgte Mütter warnten ihre Töchter: *„Aufn Danzbouda isch alwl dear midn Rousfuas dabei"* und meinten damit, daß der Teufel seine Opfer gerne auf dem Tanzboden auswählte.
Rousmugga	die, (Mehrzahl) Sommersprossen. – Frauen mit Sommersprossen waren ebenso wie Rothaarige verdächtig, mit bösen Mächten im Bund zu sein. Bis in unsere Zeit hielt sich das abergläubische Mißtrauen diesen bedauernswerten Menschen gegenüber. Auch kleine Kinder blieben nicht von Spott und Hänseleien verschont. Ihnen riefen die Schulkameraden nach: *„Rousmuggada, hosch min Deifl Kuadrejk droscha?"*
Rouz	das, Rotz, Nasenschleim. – Vor der Einführung des Schneuztuches (in unserer Gegend wahrscheinlich erst in jüngerer Zeit), bevorzugte man allgemein die Methode des einseitigen Rückstoßschneuzens. Dabei wurde ein Nasenloch mit dem Finger zugedrückt und das andere durch starkes Ausatmen von allen festen und flüssigen Inhalten gereinigt. Diese Technik, wenn auch ästhetisch nicht allzu ansprechend, kann durchaus als hygienisch beste Lösung betrachtet werden. Sie erforderte ein Höchstmaß an Fingerfertigkeit und Zielsicherheit. Kindern, oft hinauf bis zur sechsten Volksschulklasse, war sie meist nicht geläufig. Sie ließen ihre *Rouzglogga* einfach aus der Nase hängen und wischten sie mit dem Jackenärmel ab. Ein *Rouzraahenker* oder ein *Rouzleffl* wurde darum so bezeichnet, weil ihm die nötige Reife fehlte.

Ruach	der, Geizkragen, habgieriger Mensch, Raffer. – Wer sich gar nichts gönnte, wer seinen Besitz mit allen Mitteln zu vermehren suchte und dafür Tag und Nacht arbeitete, den nannte man *an Ruach*.

S

saal	geschmacklos, ungewürzt, fade, (Speisen) graugelb, mißfarbig, schmutzfarbig.
Sach	das, Dinge, Angelegenheit, auch Hof, Anwesen. – Respektvoll über ein Ehepaar: *„Dej hawa ianer Sach sauwer banandd."*
Saalgaul	der, Pferd auf der linken Seite des Gespanns. Wahrscheinlich von „Sattelpferd", aus einer Zeit, in der die Zugpferde noch geritten wurden. – Nur der Saalgaul wurde mit dem *Loadsoal* dirigiert, der *Handgaul* zog automatisch mit. Deshalb wurde immer das ruhigere, folgsamere Pferd als *Saalgaul* verwendet.
Saaler	der, Sattler. – Er ging lange Zeit im Jahr auf die *Schdeer* und flickte schadhaftes Zaumzeug an Ort und Stelle auf den Höfen, reparierte beschädigte Riemen und besserte das lederne *Kaanabee* aus.
Salidder	der, Salpetersammler, amtlicher Spezialist, der in jedem Haus und Stall den Mauerfraß, in dem hohe Salpeteranteile enthalten waren, abkratzen durfte und diesen an die Salpetersalinen verkaufte. Die Bauern fürchteten den *Salidder*, weil er Unmengen von Verputz wegnahm, den sie wieder anbringen mußten. – Aus dem gewonnenen Salpeter wurde Schießpulver hergestellt.
sanddwander	miteinander, zusammen, zu zweit.
Sanga	der, Kräuterbüschel, der an Mariä Himmelfahrt in die Kirche zum Weihen getragen wurde. – auch *Zangakraud* genannt.
Saudriegl	der, unsauber gepflügte Furche, die ein Stück Boden unbearbeitet läßt.

Schabfer	der, Schöpfgefäß mit Stiel. – Nützliche Geräte waren der *Oolschabfer*, mit dem die Jauche aus der Grube geschöpft wurde und der *Wasserschabfer* zum Schöpfen des Waschwassers oder zum Viehtränken.
schaffa	befehlen, anschaffen, auftragen. – Einem unselbständigen Arbeiter muß man jeden Handgriff *schaffa*. – Ein Knecht hatte sich beim *Boarzamacha* mit dem Beil den Zeigefinger weggehackt. Der Mann stand im Hof, vom schnell herumgebundenen *Sackdiachla* tropfte das Blut. Er jammerte leise vor sich hin und wartete, bis der *Rousbua* den Gaul vors *Gaiweegala* gespannt hatte, um den Knecht zum Arzt zu fahren. Der Bauer, ein im ganzen Umkreis bekannter Grobian, war wütend, weil ihm nun eine Arbeitskraft ausfiel und schrie den Mann an: *„Do braugsch id joumera, 's Fingerweckhacka hod der kua Mensch id gschaffd."*
Schanndarm	der, Dorfpolizist.
Scharra	die, Kruste, knusprige Rückstände in der Pfanne. – Bei der Zubereitung von Bratkartoffeln *(kreaschdi Kadoffl)*, von *Bounza, Bauchschdubferlen*, von *Oarhaawer* und *Griasmuas* blieb am Topfboden immer eine *Scharra* hängen.
Scharwa	der, Scherben, Porzellan- und Tonbruch, auch minderwertiges Tongeschirr, z. B. der *Bluamascharwa* = Blumentopf.
Schbeibkaschda	der, Spuckkasten, kleine Truhe, die in jedem Haus in der Stube stand. Sie konnte mittels Druckknopf oder Strick geöffnet werden und war mit *Sejgmeal* oder *Houwlschoadda* gefüllt.
Schbeis	die, Speisekammer, selten auch die hl. Kommunion. Die Kommunionbank hieß überall *Schbeisgeedr*.
Schbriachbeil	der, Sprücheklopfer, Großsprecher, Angeber. Einen heilsamen Schrecken erfuhr ein *Schbriachbeil* besonderer Art: Er hatte auf seinem Kartoffelacker recht gute Ernteergebnisse erzielt und wollte, daß auch sein Freund in einem weiter entfernten Dorf davon erfuhr. Darum suchte er aus seinem Kartoffelhaufen einige der größten Exemplare, verstaute sie in einem Paket, legte einen Zettel bei mit dem Text: „so sind bei uns die Kleinsten" und schickte das

ganze ohne Absenderangabe an seinen Bekannten. Dieser hatte aber nach einigem Nachdenken doch herausgefunden, wer ihm diesen Streich gespielt hatte und entschloß sich kurzerhand, den Angeber auch ein wenig zu ärgern. Er nahm einen alten Einkommensteuerbescheid, löschte mit viel Mühe die alten Daten und stellte den Schein auf seinen Freund, den Großkartoffelerzeuger, aus. Dieser erschrak, als ihm ein Schreiben des Finanzamtes zugestellt wurde mit dem Bescheid, seine Einkommensteuer werde beträchtlich erhöht, da sein diesjähriger Ertrag bei der Kartoffelernte weit über dem Durchschnitt liege.

Schdabfa   die, Stufe, Auftritt. − Als das Haareschneiden noch nicht vom Friseur, sondern vom Vater oder Großvater ausgeführt wurde, liefen viele Buben mit *Schdabfa* im Schopf herum.

schdambbera   fortjagen, aus dem Haus jagen, vertreiben. − Ein schlechter Dienstbote, ein aufdringlicher Hausierer, ein ungeliebter Verehrer: sie alle werden *gschdambberd*, wenn man ihrer überdrüssig war.

Schdiag   die, Treppe, Stiege. − In der Ecke jeder Wohnstube führte früher das *Kaamerschdiagla* nach oben in die darüberliegende Schlafkammer der Bauersleute.

Schdingl   der, Stengel. − *Bluamaschdingl, Brezzaschdingl.*

schdocka   stöckeln, gerinnen. − *„D'Mülli isch scha gschdockd."* − Schdocka heißt auch: Das Entfernen der beim Holzfällen stehengebliebenen Baumstrünke. Als sich die Bauern diese Arbeit noch machten, galt die Redensart: *„S' Schdocka machd dreimö warm"*: Zuerst beim Roden im Wald, dann beim *Kliawa* zu Hause, und zuletzt beim Verbrennen im Ofen.

Schdraucha   der, Schnupfen, Katarrh.

Schdree   die, Streu, Strohaufschüttung für die Stalltiere. − Vor Ostern, zur Zeit der Grabesruhe, und an Allerheiligen durfte kein Bursch zu seiner *Liabschafd* gehen. Wagte er es dennoch, wurde ihm von den Burschen *aufgschdreed*. Sie legten eine dicke Spur aus *Schdree* oder *Schweinis* vom Haus der Geliebten bis zu ihm nach Hause.

Schduafuadder	das, Wetzsteinbehälter, Kumpf. − Das *Schduafuadder* war aus Holz, einem Rinderhorn oder später aus Blech gefertigt und mit Wasser gefüllt, damit der Wetzstein immer feucht blieb.
Schdualfeschd	das, Stuhlfest, Unterweisung eines Brautpaares beim Pfarrer in die Pflichten eines katholischen Ehestandes.
Schdurfl	der, Strunk, Stengel, Bruchstück, Stummel. − Antwort auf die Frage eines kleinen Buben, warum denn die Oma nie Fleisch ißt: „*Weil s'as mid iari drei Schdurfl im Maul id beißa kaa.*"
Schebbs	der, minderwertiges Bier, Dünnbier. − Wenn die Maische nach der Herstellung des guten Bieres noch einmal ausgekocht wurde, entstand der *Schebbs*. Dieses Dünnbier kam meistens in der Erntezeit zum Ausschank, weil es billig war und die Arbeiter nicht so müde machte wie das stärkere Vollbier.
schebbs	schief, schräg.
Schees	die, Kinderwagen, Pferdekutsche mit Lederdach. − Redensart über einen Halbwaisen: „*Dem sei Vaadr isch gschdarwa, wia dr Bua nou an der Schees dinna glejga isch.*" Ein zu süßes oder zu dickflüssiges Bier hieß *Scheesalagg*.
scheiddla	scheiteln, fortjagen, vom Hof jagen. − Ortsfremde Burschen wurden, wenn sie sich nicht ruhig verhielten, vom Tanzboden *gscheiddld*.
Schejwla	Getreidebüschel, etwa ein Arm voll. − Acht *Schejwlin* stellte man auf dem Feld zu einem *Menndla* zusammen, um das Getreide zu trocknen.
Schiedumlaidda	das, Totengeläut. − Nach dem Tod eines Dorfbewohners benachrichtigten die Angehörigen zunächst den Mesner, der mit der Totenglocke die Gemeinde über den Todesfall informierte. Das Läuten wurde je nach Geschlecht des Verblichenen zweimal (Frauen) oder dreimal (Männer) unterbrochen. Jeder, der es hörte, verweilte kurze Zeit im Gebet für den Verstorbenen.

Schibbl	der, Büschel, Schüppel. — Ein *Luugaschibbl* ist ein notorischer Lügner. Beim Raufen rissen sich die Kontrahenten manchmal die Haare *schibblweis* aus.
schienaggla	sich abarbeiten, abmühen, bis zur Erschöpfung arbeiten.
schiergaar	fast, beinahe, eigentlich. — *„Zun Onkl Sebb miaßad mer schiergaar o wieder amö fahra."*
Schiffla	das, Wasserbehälter im Herd. — Im *Schiffla* war immer warmes Wasser vorrätig zum Waschen, Kochen, Abspülen oder Putzen.
Schilee	das, Gilet, Stoffweste ohne Ärmel. — Alltagskleidungsstück, das zur Arbeitskleidung gehörte.
Schlanz	der, Freiheiten, Erlaubnis, Unabhängigkeit. — *„Ebbern an Schlanz lossa":* Jemanden nicht bevormunden, ihm seine Freiheit lassen.
schlarfa	sich unterhalten, miteinander reden, ein normales Gespräch führen. *Gschlarf* = dummes Geschwätz, sinnloses Reden.
schlargga	schlurfen, humpeln, beim Gehen die Füße nachziehen. — Mutter zu einem geräuschvoll gehenden Kind: *„Dua idd sou schlargga, do weara bloos d' Schuach hi."*
Schlawagg	der, Gauner, Tunichtgut, unzuverlässiger Mensch. — Das Wort *Schlawagg* leitet sich von „Slowake" her. Viele Hausierer und Pfannenflicker, die als gerissen galten, waren früher slowakischer Nationalität. Das fast gleichbedeutende Wort *Schlawiner* leitet sich von „Slowene" her.
schliafa	kriechen, schlüpfen. — Wenn der Jäger im Wald durchs Unterholz muß, wird das Gehen zum *Schliafa*. Ein kriecherischer, süßholzraspelnder Mensch ist ein *Schliafer*. In die Kleider muß man *nejschliafa*.
schliefera	rutschen, gleiten, vornehmlich im Winter auf gefrorenen Flächen.
Schluuf	der, Schlupfloch, Zuflucht. — Die Hühner erreichten ihren Stall durch den *Schluuf*, der am frühen Morgen geöffnet und

abends wieder geschlossen wurde. Von einem Junggesellen, der jahrelang in der Welt herumgereist war und dann heiratete, sagten die Verwandten: *„Etz hod er o an Schluuf gfunda."*

schmalka wichtigtuerisch reden, siebengescheit sprechen. *Schmalker =* Großsprecher.

schmucka schmiegen, sich an eine Person anlehnen. − Ein Kind steht in der Frühe um vier Uhr im Schlafzimmer der Eltern und fragt: *„Darf i ans Griawla nejschmucka?"* − *Griawla* = Besucherritze.

Schnaggl der, Schluckauf, Zwerchfellkrampf. − Das uralte Rezept gegen einen hartnäckigen *Schnaggl,* Luft anhalten und an drei *Bladdadi* (Glatzköpfe) denken, hatte sicher auch den medizinischen Hintergrund einer Beruhigung des Atmungsapparates.

Schniagl der, Kinn. − Bäuerin zu einem Hungrigen: *„Hejd gibbs nix, hau der doch an Schniagl ans Dieschegg na."* − Der daraus entstehende Schmerz wäre stärker als jedes Hungergefühl gewesen!

Schnied der, Erntezeit, Getreideernte. − Ein sehr grober Bauer sagte zu seiner *Undderdiera: „Waas, a Kindla kriagsch du, und dejs nou midda unddarn Schnied!"*

Schniedling der, Schnittlauch. − Von einer älteren, etwas überspannten Katzenliebhaberin wird erzählt, als sie Schnittlauch aus dem Garten holen wollte, habe sie ihrer Hauskatze aufgetragen: *„Gell Miezi, wenn jemand kommt, dann sagst ihm, das Fraule ist hintententen beim Schniedlingschneiden."*

Schnobfadie das, Versteckspiel, auch *Vaschdeckaless* genannt. − Die Bauernhöfe boten unzählige Möglichkeiten, sich zu verstecken. Deshalb dauerte es auch oft recht lange, bis die *Schnobfadiespieler* einander entdeckten. An einem Nachmittag war das *Vaschdeckaless* wieder in vollem Gang, als plötzlich der kleinste Mitspieler abging. Die anderen Kinder suchten bis zur Erschöpfung, fanden ihn jedoch nicht. In ihrer Angst verständigten sie die Bäuerin. Bald darauf rannte alles, was

Beine hatte, über den Hof und schrie nach dem Buben. Sogar der nahe Bach wurde abgeschritten. Erst spät am Abend, als die Eltern schon die Polizei verständigen wollten, fand der Vater den Buben, wie er gerade aus einem leeren Getreidesack herauskroch und sagte: *„I sbü nimma mid, i hou Hunger.“* — „Ich spiele nicht mehr mit, ich habe Hunger.“

schnuachdla	herumkramen, suchen.
Schranna	Schranne, Getreidesammellager. — Um sein geerntetes Getreide zu verkaufen, mußte der Bauer oft weite Strecken in *d'Schranna fahra*.
Schuawa	die, Kruste an gebackenen oder gebratenen Speisen. — Die *Bounza* bekamen durch das Backen in Schweineschmalz auf der Unterseite eine *Schuawa*.
Schubfa	die, Schuppen, Remise, Abstellgebäude. — *Waagaschubfa und Holzschubfa* waren einfache Holzkonstruktionen. Sie wurden gebaut, wenn der vorhandene Platz für Geräte und Fahrzeuge zu eng wurde.
Schuura	die, Schaukel, Hängeschaukel. — An Kirchweih wurde in der Tenne an zwei langen Heuseilen die *Kurchddaschuura* aufgehängt. Auf ihr fand die gesamte weibliche Dienstbotenschaft Platz. Die Schaukel wurde von zwei kräftigen Mannsbildern *gschulzd*.
Schweinis	das, Dreschabfall, Hülsen, Grannen, Spelzen. — Dieser Abfall fand vielfältige Verwendung: als Isolierung in den Bodenzwischenräumen, wie auch als Armierungszusatz von den Hafnern, die es beim Ofenbau in ihre Lehmmasse rührten und dieser dadurch mehr Festigkeit verliehen.
schwoawa	schwemmen, spülen, ausspülen. — Wirt zu einem Viehändler, der sich geärgert hatte: *„Schwoabs naa!“*
Sejgas	die, Sense. — Sie war das am häufigsten eingesetzte Arbeitsgerät auf den Höfen. Mit ihr schnitt der Bauer das Gras für das tägliche Viehfutter und für das Heu, das reife Getreide ebenso wie die wuchernden Brennesseln hinter dem Haus. Damit der Schnitter sauber arbeiten konnte, mußte seine *Sejgas* richtig *dangld* sein und einen ordentlichen Schliff

aufweisen. Sie bestand aus dem *Sejgasblaad*, das mit dem *Ring* am *Warg* (Holzgestell) befestigt war. Die Handgriffe hießen *Kricklin*. Zum Mähen von Getreide, das anschließend zu *Schejwlin* gebunden wurde, benutzte man einen *Droadwarg*, der an der Rückseite des Sensenblattes einen rechenartigen Aufbau hatte und die Halme sauber an das noch stehende Getreide lehnte.

Siach
der, abwertendes Schimpfwort für Männer — hat bis heute sehr viel von seiner starken Bedeutung „ekelhaft, widerwärtig" verloren. Richtig wirksam wurde das Wort erst in Verbindung mit Eigenschaftswörtern wie *debbig, faul* oder *gsuffig*.

Siemas
der, Fensterbrett, Fenstersims.

sö
dort, dran, da; damals, zu der Zeit. — Vielfach verwendbar für alles, was plaziert ist: *„Der Efeu an Haus sö, d'Woad an Bouda sö, der Binggl an Hiira sö, der Haafa an Herd sö."*
Die Nachbarin sagt von einem Bauern, der bankrott gemacht hat: *„Mi wunderts id, daß er auf d'Gandd kejma isch, der isch ja o der ganza Daag bloas an Kaanabee sö gflackd."* — Als Zeitangabe in Verbindung mit einer präziseren Auskunft über die zeitliche Einordnung wird *sö* oder *sömös* verwendet: *„Sömös, wia mer nou Rous ghejd haawa . . . Sö, wia der Hiddler aufkejma isch . . ."*

U

uageedi
einstöckig. — Die Söldnerhäuser waren meist nur *uageedi*.

uaniggla
Toben gefrorener Fingerspitzen, wenn sie wieder warm werden — auch in den Zehen möglich.

umara
Zeitangabe, etwa gegen . . ., ungefähr um . . . — nur mit einer Uhrzeit kombinierbar.

uaschiachddi
alleinstehend, unverheiratet. — *An uaschiachddis Laid* ist ein älterer Mensch, der nie verheiratet war. — Tochter zur Mutter: *„Mami, bal i an Sebb id heirada durf, no gea i an's Kloaschder ouder i bleib uaschiachddi."*

uaschick	vereinzelt, einzeln, alleinstehend. – Ein Fremder fragte auf einem Hof im Lechrain nach dem Bauern. Dieser war mit den Rössern auf einem abgelegenen Teil seines Landes beschäftigt. Die Bäuerin erklärte dem Auswärtigen präzise den komplizierten Weg dorthin: *„Do fejrsch iatz naus bis an Hauserbaur sein Acker, gei darhindder um an scharfa Rieb rum, do schdead a sou a uaschicker Bomm und gei hindder am Kurchabaur seiner Geaschda, do wou mi voarigs Johr d'Sauriab ghejd hawa, do isch er."*
undderiiwerschi	kopfüber, umgestürzt. – Bauer zu einem lästigen Hausierer: *„Balsch id gei schaugsch, dasch weiderkimmsch, no wurf i di undderiiwerschi ba der Kealerfalla na."*
unguad	schlecht aufgelegt, übellaunig, mürrisch. – Auch eine Sache, ein Geschehnis kann *unguad* sein.
Uuraköwla	das, große Nacktschnecke.
Uurad	das, Sauerteig zum Brotbacken.
Uursiegl	der, Rückstände beim Butterauslassen. – Übrige Butter wurde zu Butterfett verarbeitet. Dazu mußte sie in einer großen Messingpfanne erhitzt und das Fett anschließend im *Schmalzhaafa* abgekühlt werden. Die Bestandteile, die sich dabei nicht in Fett umwandelten, der *Uursiegl*, waren ein beliebter Brotaufstrich.
V	
vergejwa	ergiebig sein, ausreichen. – Wenn es nach wochenlanger Dürre endlich wieder regnete, mußte es schon drei, vier Tage schütten, sonst hat es nicht *vergejwa*. Witzig bedankt sich der Bauer bei einem Kapuziner, der den Stall mit Weihwasser und Weihrauch ausgesegnet hat, weil die Kühe nicht aufnahmen: *„Mej Herr Paadr, guad hodds vergejwa, all Kia draga und d'Schdalldiera hodd o a baar Schbritzer derwischd."*
verlegg	müde, erschöpft, durstig. – In der Wirtschaft bestellt der Gast die sechste Maß mit den Worten: *„Maari bring nou a Moß, hcjd bi i a sou verlegg."*

verlexnd	ausgetrocknet, (Kehle wie Holz). — Der Stubenboden muß ausgewechselt werden, weil er so *„verlexnd isch, dasch mid der Feaschda and Klumsa nejrutsch'"*.
verloadd	wehleidig, übertrieben schmerzempfindlich. — Ein Dorfbader zum „Patienten", dem er die bei einer Rauferei beschädigten Zähne zieht: *„Do braugsch id sou verloadd dua, heddsch zearschd dejn Riasl id naaghebb."*
Voaressa	das, Voressen, Mahlzeit aus Kutteln in saurer Soße. — Bei Hochzeiten oder Beerdigungen wurde zwischen der Suppe und dem Hauptgericht ein *Voaressa* serviert. Ein ähnliches Gericht war das *luddrisch Voaressa*, das anstelle der Kutteln geschnittene Pfannenkuchen enthielt.
Voardl	der, Vorteil, Gewinn, Trick, Kniff. — Redensart bei kniffliger Arbeit: *„Do hüfd kua Gwaldd, do braugsch an Voardl."* — Mehr Geschick als Kraft ist vonnöten.
Vougl	der, Vogel, trogförmiges Mörteltragegefäß auf dem Bau.
W	
Wachd	die, Hellebarde des Nachtwächters. — Der Nachtwächter war früher eine notwendige Einrichtung. Er hatte während der Nachtstunden die Aufsicht im Dorf und darauf zu achten, daß sich kein Gesindel auf den Straßen aufhielt. Jede volle Stunde mußte er die Zeit ausrufen und bei Ausbruch eines Feuers die Dorfbewohner alarmieren. Am Sonntag patrollierte er während des Gottesdienstes auf *Kurchawach*.
Wägsla	das, Wächslein. — Redensart: *„Ans Wägsla drucka"* — ins Wächslein drücken, sich eine Verfehlung merken, etwas nachtragen. Bauer zum Viehhändler: *„Dejs hou i mer scha ans Wägsla druckd, wiasch mi 's ledschd mö bschissa hosch."*
Wargl	der, Holzrolle, Rundling. — Zum Teigausrollen nimmt die Hausfrau den *Noulwargl*. Bäume werden zu *Medderwargl* zurechtgeschnitten.

Weadaaga	die, (Mehrzahl) Schmerzen. − *„I hou sölli Weadaaga, daß i mi bal nimmer bölza kaa."*
weedscha	schlampig, geräuschvoll gehen. − Die Bäuerin schimpft über ihren Mann: *„Etz hou i iewerall nausbudsd, und er, der Biffl, weedschd mer mid die dreckiga Schuach durchs ganz Haus!"*
wegs	stechend, spitz, scharf. − Die Stoppelfelder waren barfuß schlecht begehbar, weil sie so *wegs* waren.
Weesa	der, Grassoden. − Ein beliebtes Kinderspiel war das *Schatzgraawa*. Die Hauptperson dabei war der Mitspieler, der diesen Jux noch nicht kannte. Er mußte einen auf der abgegrenzten Fläche vergrabenen „Schatz" finden. Meist wurde auf einer Wiese gespielt, so daß nur ein *Weesa* abgehoben werden mußte. Der Schatzgräber kroch auf allen Vieren übers Gelände und zog mit verbundenen Augen an den Grasbüscheln um den lockeren *Weesa* zu entdecken. Wenn er ihn ausfindig gemacht hatte, riß er den Buschel triumphierend in die Höhe und langte aufgeregt in die Schatzkammer. Seine Kameraden hatten dort vorher eine Mausefalle, natürlich gespannt, einen frischen Kuhfladen oder noch schlimmere Dinge versteckt.
weisa	Geschenke bringen − früher bei Gelegenheiten wie Hochzeit, Geburtstag, Jubiläum − heute nur noch beim Besuch am Wochenbett.
Weiwerer	der, Frauenheld, Schürzenjäger. − Dem jungen, schneidigen Trompeter einer Dorfkapelle sagte man nach, daß er ein ganz besonderer *Weiwerer* sei. Jedes Wochenende hatte er eine andere Freundin. Über Jahre hinaus hielt sich sein Image als Schürzenjäger in aller Munde, bis eine seiner Ehemaligen die Lösung des Rätsels bekanntgab: *„Dejs haldd doch kuana aus, wia der ban Kussa noch Messing gschmeckd hod."*
wiesd	links, Kommando für Zugtiere. − *Hodd* hieß rechts.
woali	schnell, flink, tüchtig. − Beim vorletzten Heufuder kommt ein Gewitter auf: *„Etz diands woali laada, sieschd bring mers nimmer drucki hua."*

Wocha	die, Woche. – Die Wochentage hießen: *Mejdda, Afddermejdda, Mickda, Bfinsda, Freidda, Samsda, Sunndda.*
Wööd	die, Welt. – Zum *Luggas*, einem Bauern aus Geltendorf, kam der Pfarrer und gratulierte ihm zu seinem achzigsten Geburtstag. Dabei meinte er im Hinblick auf die Rüstigkeit des Jubilars so nebenbei: „Lukas, du mußt einmal helfen, wenn die Welt abgebrochen wird!" Da lachte der *Luggas* und erwiderte ihm: *„Mej, Herr Bfarrer, dejs werd hordd ganga, wous doch iads alls aus Bedoun und Eisa macha!"* Zehn Jahre später, der Zweite Weltkrieg war inzwischen vorbeigegangen, kam der Pfarrer wieder. Diesmal wurde der *Nejnzger* gefeiert und dem *Luggas* ging es so gut wie eh und je. Verschmitzt sagte er zum Pfarrer: *„Etz geads Wöödabreacha leichder, d'Hööfdn haawas ja scha zejmagschlaaga."*
Wurf	der, starker Rausch, halbe Alkoholvergiftung. – Der *Dampf* war eine ähnlich schwere Form der Betrunkenheit, während der *Hieb* schon weniger intensiv war. *Heggl* und *Hebbfa* stellten die leichten alkoholisierten Ausprägungen dar. Mit einem *Suuri* war man nur leicht *aagschdocha*.

Z

Zanga	die, Zange, Beißzange, böse Frau. – Zum Maibaumaufstellen verwendete man eine Vorrichtung aus zwei an ihrem oberen Ende zusammengebundenen Fichtenstangen, die den Baum in der Schräglage stützten. Auch sie hieß *Zanga*.
zejcha	zehn. – An die Kirchengrundherrschaften mußte bis ins letzte Jahrhundert der *Zejchad*, der Zehnte, abgeliefert werden. Dieser wurde in eigenen Gebäuden gelagert. Manche Dörfer haben noch heute einen *Zejchadschdaal*.
zeiddi	zeitig, reif, frühzeitig. – Zu jemandem, der zu früh kommt: *„Du bisch awer zeiddi draa."*
zeiddli	lebensfroh, dem Irdischen zugewandt, weltgebunden. – Neidische ältere Menschen sagen: *„Di junga Leid senn all sou zeiddli, do denkt kuar ans Schdarwa."*

zejmaknocka	kleiner werden, Altersverkrümmung.
Ziefer	das, häßliche, widerliche − mißlaunige Frau. − *„A sou a Ziefer."*
Zigouri	der, Zichorie, Geschmacks- und Färbezusatz zum Milchkaffee. Hergestellt aus den gerösteten Wurzeln der Wegwarte.
Ziebf	der, Hühnerkrankheit, bei der die Tiere nur noch hohe, gicksende Laute von sich gaben. − Ein Bub, der gerade im Stimmbruch ist, hat auch den *Ziebf*.
Zibberla	das, Gicht, Gelenkentzündung. Wegen der fetten Ernährungsweise in der früheren Zeit eine recht häufige Krankheit.
Zoul	der, Eierkorb, Einkaufskorb, meist mit Deckel.
zruggee	rückwärts, in die rückwärtige Richtung, im Unterschied zu *zrugg*, dessen Bedeutung etwa „an den Ausgangsort" ist.
z'unddergischd	zu allerunterst, ganz unten.
Zwüüduach	das, Handtuch, Geschirrtuch, wahrscheinlich von Zwilch.
zwurgla	herumfingern, mit den Fingern bohren, zupfen. − Mutter zum Kind: *„Hearsch id gei auf midn Neeszwurgla!"*

Literatur

Fischer Hermann: Schwäbisches Wörterbuch, 6 Bde., Tübingen 1904-1936.

Fried Pankraz: Zur Siedlungsgeschichte im Landkreis Landsberg in: Heimatbuch Stadt und Landkreis Landsberg am Lech, von Bernhard Müller-Hahl, Landsberg 1966, S. 70-82.

Fried Pankraz: Das Volksbewußtsein am Lechrain, Der Heimatfreund, Beilage LT, 19./20. 6. 1982.

Fried Pankraz: Die Mundart im Landkreis, ebendort, S. 299-302.

Freudenberg Rudolf: Der alemannisch-bairische Grenzbereich in Diachronie und Synchronie, Deutsche Dialektgeographie Bd 72, Marburg 1974.

Hörning Hilde und Knittel Franz: Meringer semmerr, 1912-1982, Bd II. Mering 1982/83.

Ilmberger Josef: Die bairische Fibel – München, Bern, Wien, 1977.

König Werner: Sprachatlas für die Dialekte links und rechts des Lechs, LT 15.1.1985.

Kranzmayer Eberhard: Die schwäbisch-bairischen Mundarten am Lechrain. In: Teuthonista 6/1929/30 S. 136-144.

Leoprechting Karl von: Aus dem Lechrain, 1855. Neu herausgegeben von Josef Pfennigmann, München 1975.

Lechner Joseph: Leben und Sprache unserer Großeltern. Mundart und Heimatkunde im Aichacher Land, Aindling 1983.

Neu Wilhelm: Vor- und Frühgeschichte, in: Heimatbuch Landsberg am Lech s.o.

Schmeller Johann Andreas: Bayerisches Wörterbuch, bearb. v. G. Karl Fromman, 2. Aufl., Stuttgart 1872-1877.

Schweizer Bruno: Dießener Wörterbuch, unveröffentlicht, 1946.

Welz Heinrich: Bauerngeschichten und Lechrainer Humor aus dem oberen Paartal, in: Landsberger Geschichtsblätter, 4. Sammelband, 1976/77. S. 81-110.

Zehetner Ludwig u. a.: Das bairische Dialektbuch, München 1985.

Dr. Anton Huber

Landsberg a. Lech in alten Photographien

Großformat 24×22 cm, 156 Seiten, dreifarbiger Druck, auf hochwertigem Papier, 7 doppelseitige Panorama-Abbildungen, ausführliche Bilderklärungen und Textbeiträge, DM 37,–

Erstmals werden in diesem Bildband Photographien aus Groß- und Urgroßmutters Zeiten veröffentlicht, die bisher nur einzelnen Sammlern und Liebhabern bekannt und zugänglich waren. Wie hat die Stadt vor fünfzig, siebzig, neunzig und hundert Jahren ausgesehen? Welches Gesicht hatte der Hauptplatz, wie sahen die Straßen, die privaten, die öffentlichen, die Geschäftsgebäude aus? Das Buch bringt eine Auswahl von Photos aus Archiven und Privatsammlungen. Die Altstadt und die angrenzenden Stadtteile werden in ihrem Werden und Wachsen, vom vorigen Jahrhundert bis in die erste Hälfte unseres Jahrhunderts, Jahrzehnt für Jahrzehnt dokumentiert.

Rolf Wünnenberg

Landsberg a. Lech

Bild einer alten bayerischen Stadt

132 Seiten, reich illustriert, Leinen, DM 23,50

Landsberg zählt zu den ältesten bayerischen Städten und hat sich sein mittelalterliches Gepräge mit Mauern, Türmen, Toren weithin bewahrt. Der mit vielen Bildern ausgestattete Band führt durch die wechselvolle Geschichte der Lechrainstadt, erschließt den organisch gewachsenen Kulturbereich der an Erinnerungen so reichen Stadt mit ihrem Brauchtum, Bildungswesen und kunstreichen Kirchen.

Bernhard Müller-Hahl

Zwischen Ammersee und Lech

Eine Landschaft voll Harmonie und Frieden

128 Seiten, reich illustriert, lam. geb. DM 16,80 kart. DM 14,80, geb. DM 17,80

Es gibt in aller Welt Gebiete, die mehr als eine Reise wert sind. Eine Landschaft, die besonders liebenswert ist und Harmonie und Frieden atmet, erstreckt sich zwischen dem Lech und dem Ammersee.

Bernhard Müller-Hahl

Sagen und Legenden zwischen Lech und Ammersee

215 Seiten, ca. DM 22,–

Eine Auswahl gesammelter Sagen, die uns einen Blick in die Kultur- und Bildungsgeschichte, in den Mythenkreis und in die Geisterwelt der Vorfahren erlaubt.
Diese Sagenstoffe, in denen Ungerechtigkeit aufgehoben, den Armen geholfen, dem Reichen und Geizigen am Zeug geflickt wird, gehörten zur Erziehung und könnten heute fesselnde Anregung für künstlerisches Schaffen und Volkskunst sein.
Freiherr von Leoprechting, Besitzer von Schloß Pöring, veröffentlichte 1855, nach fachmännischem Urteil, die vorbildlichste Volkskunde über den Lechrain mit seinen Sagen, alten Geschichten und Gebräuchen. Weitere Sagen sind in den „Landsberger Geschichtsblättern" ab 1902 erschienen. Eine Auswahl davon wird in vorliegendem Buch geboten, das uns einen Blick in den Mythenkreis und in die Geisterwelt der Vorfahren erlaubt.

LANDSBERGER VERLAGSANSTALT MARTIN NEUMEYER